AF638328

Grundlagen des Nähens

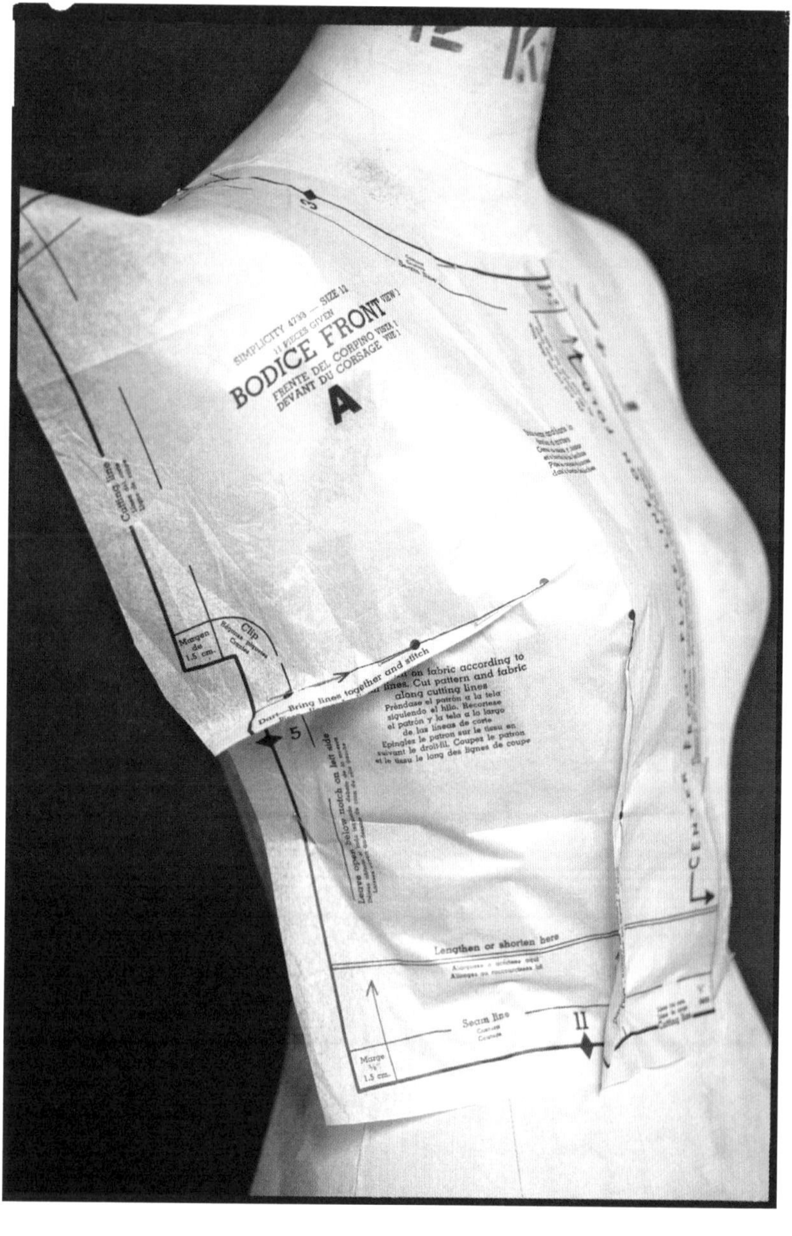
SIMPLICITY 4730 — SIZE 12
11 PIECES GIVEN
BODICE FRONT VIEW 1
FRENTE DEL CORPIÑO VISTA 1
DEVANT DU CORSAGE VUE 1
A
Cutting line
Margen de 1.5 cm.
Clip
Dart—Bring lines together and stitch
on fabric according to
lines. Cut pattern and fabric
along cutting lines
Préndase el patrón a la tela
siguiendo el hilo. Recórtese
el patrón y la tela a lo largo
de las líneas de corte
Epinglez le patron sur le tissu en
suivant le droit-fil. Coupez le patron
et le tissu le long des lignes de coupe
5
Leave open below notch on left side
Lengthen or shorten here
Seam line
11
Marge 1.5 cm.
CENTER

Carolyn Denham · Roderick Field

Grundlagen des Nähens

MERCHANT & MILLS

Verlag Freies Geistesleben

INHALT

EINLEITUNG

Grundkenntnisse des Nähens sind die Voraussetzung für eine gelingende Arbeit. Dieses Buch bietet einen Überblick zum Erlernen der ersten Schritte und ist eine zuverlässige und hilfreiche Quelle, mit der Sie arbeiten und Ihre Kenntnisse weiterentwickeln können. Wir haben die bestehende umfangreiche Literatur über das Nähen gnadenlos gekürzt und zusammengefasst, damit Sie das Wichtigste daraus lernen, umsetzen und sich am Ergebnis freuen können.

Wir, Merchant & Mills, nehmen das Nähen ernst – wirklich! Zugleich sind wir der Überzeugung, dass das Nähen Spaß macht und bereichernd ist. Versagensängste oder Druck, so wie bei einer Diät oder beim Parken in zweiter Reihe, sind unbegründet. Mit diesem Buch möchten wir Ihre Fähigkeiten zutage fördern, Ihre Kreativität wecken und Sie dazu bringen, etwas Wunderbares zu schaffen, als Belohnung für zerstochene Finger und einen Teppichboden voller Fusseln.

Hier geben wir Ihnen die Schlüssel zum Gebrauch der Nähmaschine, zur Herstellung eines Kleidungsstücks – theoretisch und praktisch – und wie Sie mithilfe von Schnittmustern die Modelle nähen können, die Sie gerne tragen werden. Dieses Handbuch wird Ihr täglicher Helfer in Nähfragen sein, denn es ist ein verlässlicher Ratgeber mit hilfreichen Tipps, für trickreiche Lösungen, auch bei größeren Herausforderungen. Je öfter Sie damit umgehen, desto mehr gewinnen Sie an Fertigkeit und Sicherheit und werden nach einiger Zeit auch nach Anleitungsbüchern für Fortgeschrittene arbeiten können.

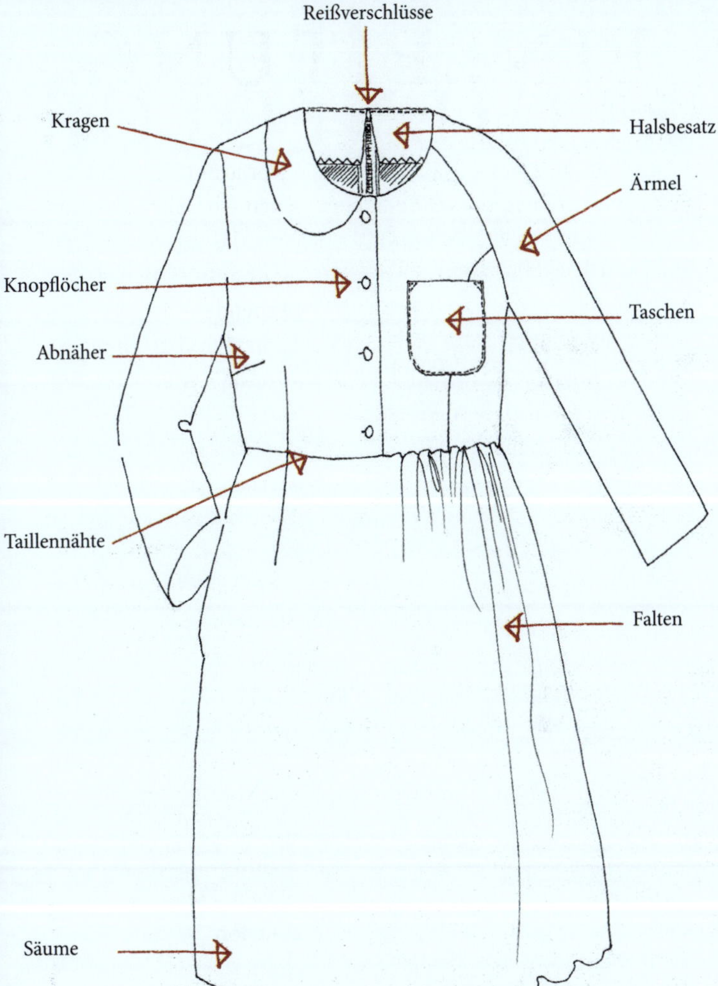

In diesem Buch zeigen wir die wichtigsten Grundtechniken der Schneiderei – die Vorbereitung, das Nähen und die Vollendung eines Kleidungsstücks.

DIE REIHENFOLGE

Der Aufbau des Buches folgt der Reihenfolge, in der Sie ein Kleidungsstück üblicherweise nähen werden. Zunächst richten wir unseren Blick auf das wesentliche Nähzubehör, die Nähmaschine, andere nützliche Helfer und die Stoffe. Im Weiteren erklären wir die Schnittmuster und wie Sie ein Kleidungsstück nähen.

- Alle Markierungen müssen vom Schnittmuster auf den Stoff übertragen werden.
- Alle Teile aus aufbügelbarer Einlage müssen sorgfältig ausgeschnitten und auf die linke Stoffseite gebügelt werden.
- Arbeiten Sie nach Möglichkeit auf einer großen, glatten Fläche.

Es ist gut zu wissen, dass die meisten Arbeitsschritte noch vor dem Nähen ausgeführt werden können. Denn es ist viel einfacher, ein Schnittteil vorab auf einer ebenen Arbeitsfläche zu bearbeiten, als an einem plastischen Kleidungsstück. Abnäher und Klappentaschen müssen zuerst mit Heftgarn durchgeschlauft werden. Auch die Rückennähte können geschlossen werden. Wenn die Rückseite keine Taillennaht aufweist, kann jetzt der Reißverschluss bereits eingenäht werden. Als Nächstes kommen die Schulternähte. Je nach Modell werden zu diesem Zeitpunkt die Halsbelege und die Kragen vorbereitet.

Nun wenden wir uns den Seitennähten und den eingenähten Taschen zu. Armlöcher können versäubert oder Ärmel eingesetzt werden. Dann sind die Taillennähte an der Reihe. Reißverschlüsse, die die Taillennaht kreuzen, werden eingesetzt. Auch Halsausschnitte und Kragen werden jetzt fertiggestellt.

Die letzten Handgriffe gelten den Knopflöchern, den Knöpfen und den Säumen.

DIE NÄHMASCHINE

Für den Anfang benötigen Sie eine Nähmaschine mit einem zuverlässigen Geradstich, einem Zickzackstich und einer Vorrichtung zum Knopflöchernähen. Ihre Maschine benötigt keine Computerprogramme, kein Stickmodul, keine Smartphone-App oder Ähnliches.

Nähmaschinen mit Freiarm (abnehmbarer Anschiebetisch) sind insofern nützlich, weil sich damit zum Beispiel Armlöcher und Ärmelbündchen bequemer nähen lassen. Tischnähmaschinen sind in der Bedienung und der Handhabung komfortabel und ebenfalls empfehlenswert.

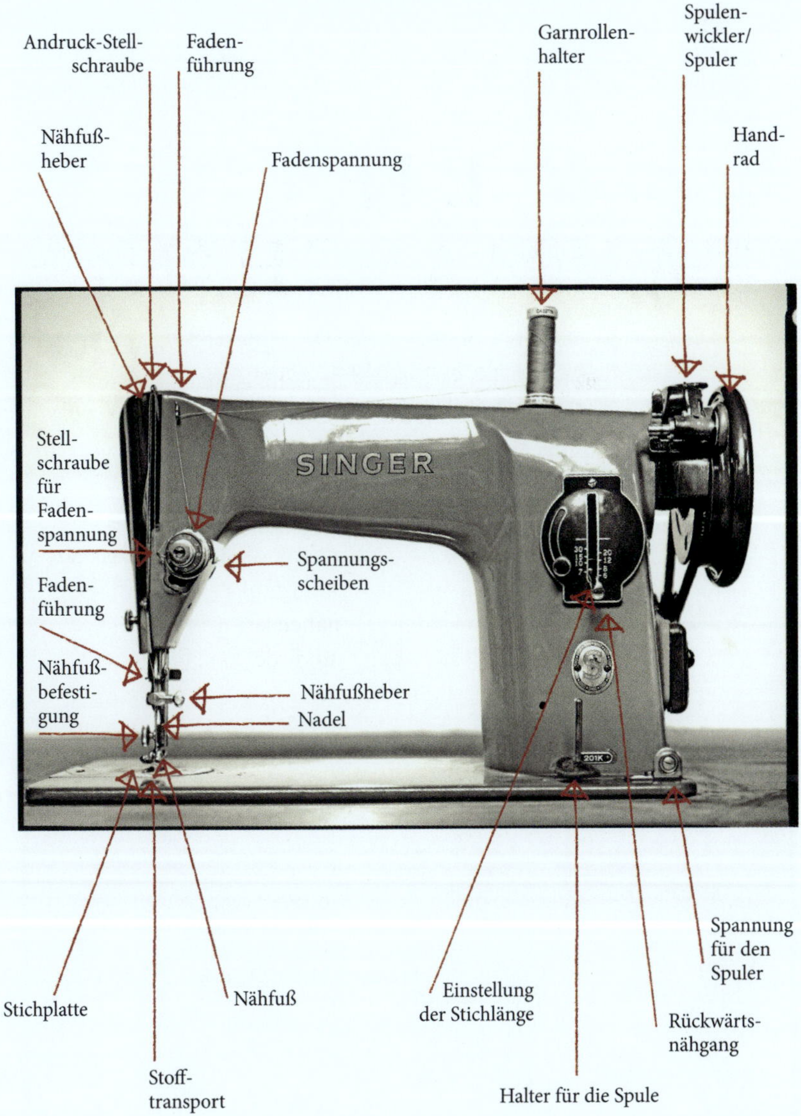
Andruck-Stell-schraube
Faden-führung
Garnrollen-halter
Spulen-wickler/Spuler
Nähfuß-heber
Fadenspannung
Hand-rad
Stell-schraube für Faden-spannung
Spannungs-scheiben
Faden-führung
Nähfuß-befesti-gung
Nähfußheber
Nadel
SINGER
201K
Stichplatte
Nähfuß
Einstellung der Stichlänge
Spannung für den Spuler
Rückwärts-nähgang
Stoff-transport
Halter für die Spule

EINFÄDELN UND GARNSORTEN

Baumwollgarn und sogenannte «Allesnäher» aus Polyester sind für die meisten Aufgaben gut geeignet. Vermeiden Sie billige Garne, denn beim Nähen dröseln sie leicht auf und bilden Fusseln um das Nadelöhr herum, kurz bevor sie reißen. Am Nähgarn dürfen Sie nicht sparen.

MASCHINE EINFÄDELN

Auch wenn so eine Nähmaschine auf den ersten Blick kompliziert aussieht, so arbeiten doch alle nach dem gleichen Prinzip und haben vieles gemeinsam.

Heben Sie zuerst den Nähfuß an. Der Faden lässt sich nur dann gut durch die Spannungsscheiben führen, wenn der Nähfuß oben steht.

Das Grundprinzip des Einfädelns geht so: quer hinüber – abwärts – rundherum und eingehakt – hinauf – wieder abwärts und dann durch die Nadel (siehe Abbildung). Das ist immer dasselbe, ganz gleich welches Nähmaschinenmodell Sie besitzen.

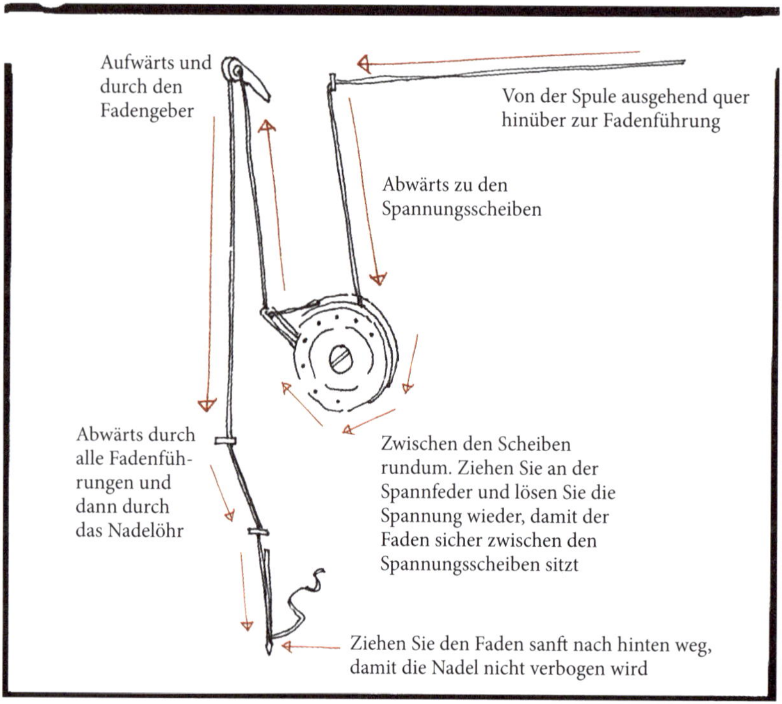

MASCHINENNADELN

Es gibt drei Sorten von Maschinennadeln:
- a: spitz für alle üblichen Stoffe
- b: abgerundete Spitze für Strickware
- c: geschärfte Spitze für Leder und Kunststoff.

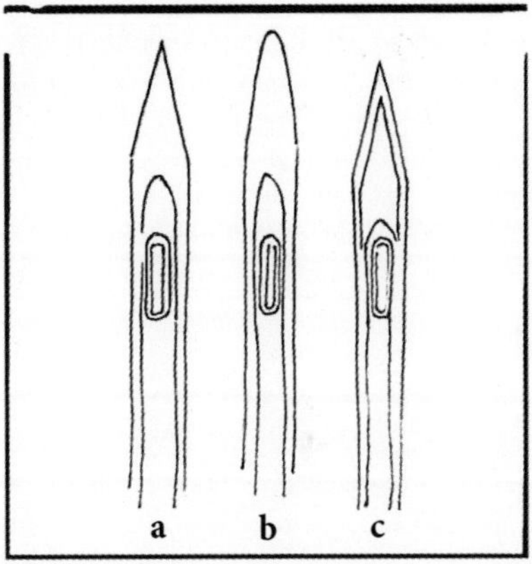

Nadeln gibt es in den Stärken von 70 bis 100. Die Nadelstärke ergibt sich durch die Stoffstärke. Setzen Sie regelmäßig eine neue Nadel ein:
- leichte Stoffe: 70–80
- mitteldicke Stoffe: 80–90
- dicke Stoffe: 90–100
- schwere Jeansstoffe und Canvas: 110.

Das obere Ende der Nadel, der Kolben, der in den Nadelhalter geschoben wird, hat eine flache Seite. Diese Seite weist in der Regel nach hinten. Es gibt alte Maschinen, bei denen die Abflachung des Kolbens zur Seite weisen muss. Wenn die Nadel nicht korrekt sitzt, wird die Maschine auch nicht richtig nähen.

NADEL IN DIE NADELSTANGE EINSETZEN

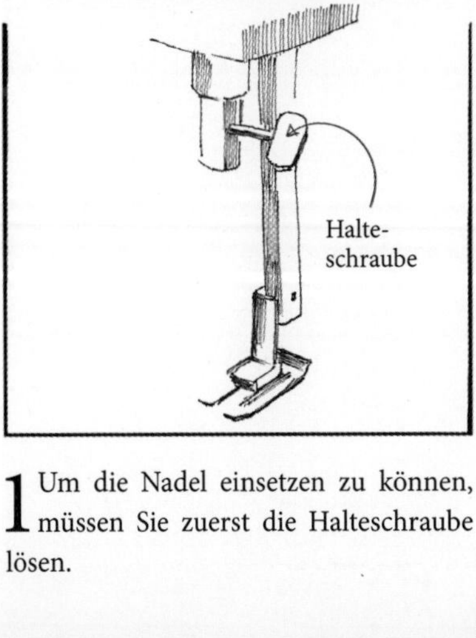

1 Um die Nadel einsetzen zu können, müssen Sie zuerst die Halteschraube lösen.

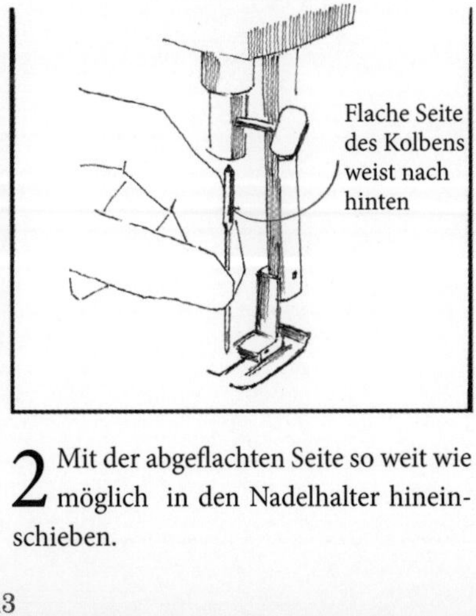

2 Mit der abgeflachten Seite so weit wie möglich in den Nadelhalter hineinschieben.

STOFFTRANSPORT UND NÄHFUSSDRUCK

Der Stofftransport befindet sich direkt unter dem Nähfuß. Die Zähne des Stofftransports bewegen sich bei jedem Stich. Wie weit sie sich nach vorne bewegen, hängt von der eingestellten Stichlänge ab. Der Druck des Nähfüßchens wird an einer Schraube an der Seite des Maschinenkopfes eingestellt. Je fester die Schraube angezogen bzw. je höher die Einstellung an der Stellschraube ist, desto stärker ist der Druck.

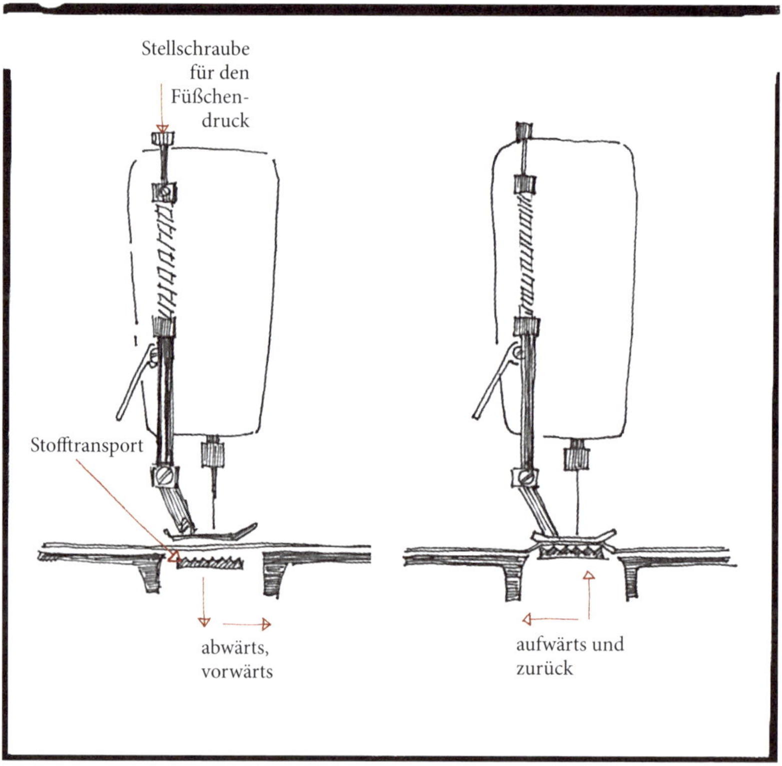

DER RICHTIGE FÜSSCHENDRUCK

Wenn der Füßchendruck zu schwach ist, werden die Stiche wellig und unregelmäßig. Manchmal werden sogar Stiche ausgelassen, denn der Stoff wird nicht sicher genug geführt. Andererseits führt ein zu starker Füßchendruck zu ungleichen Nähten.

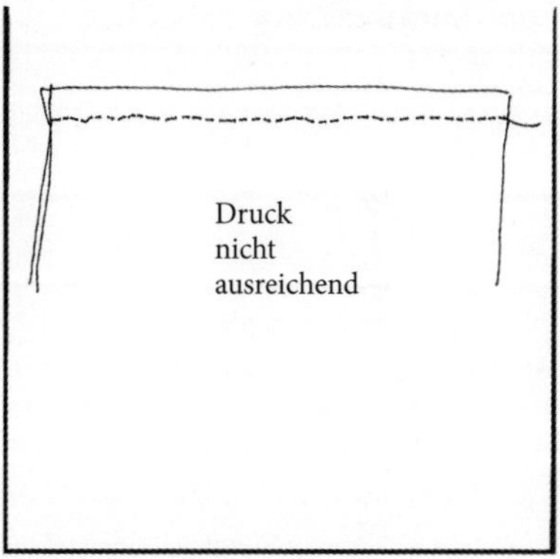

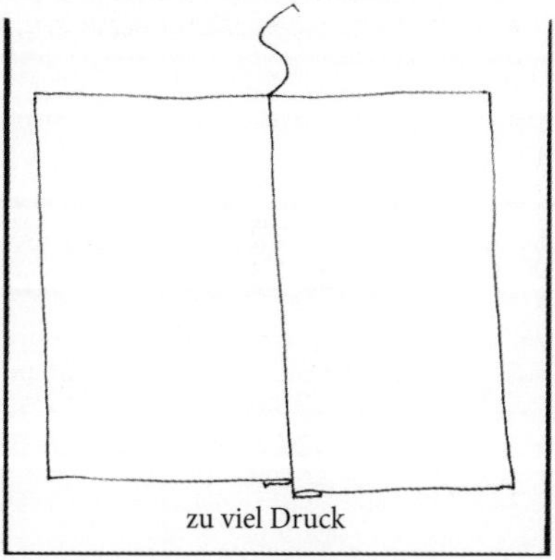

UNGLEICHE NÄHTE

Die Zähne des Stofftransports schieben die untere Stofflage stärker voran als die obere. Daher passiert es leicht, dass die Nähte ungleich sind. Um dies zu vermeiden, halten Sie den Stoff in der rechten Hand, der Daumen liegt unter dem Stoff, die anderen Finger liegen darauf. Dann drehen Sie Ihre Hand leicht nach oben. Auf diese Weise geben Sie ein klein wenig Spannung auf den Unterstoff und schon werden die Nähte gleichmäßig.

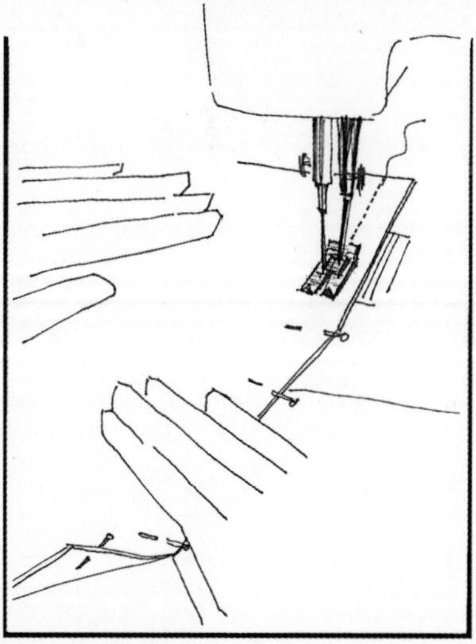

UNTERFADENSPULEN

Es gibt zwei Sorten von Spulenkapseln. Die ganz alten Maschinen haben noch fest eingebaute Spulenkapseln, bei neueren Maschinen können sie herausgenommen werden. Bei eingebauten Spulenkapseln muss die Spule nur herausgehoben oder hineingedrückt werden. Eine entfernbare Spulenkapsel nehmen Sie aus der Maschine, bevor Sie die dort eingelegte Spule herausnehmen.

Manche Maschinen haben die Möglichkeit, den Faden auf die eingesetzte Spule zu wickeln. Dann brauchen Sie diese gar nicht herauszunehmen.

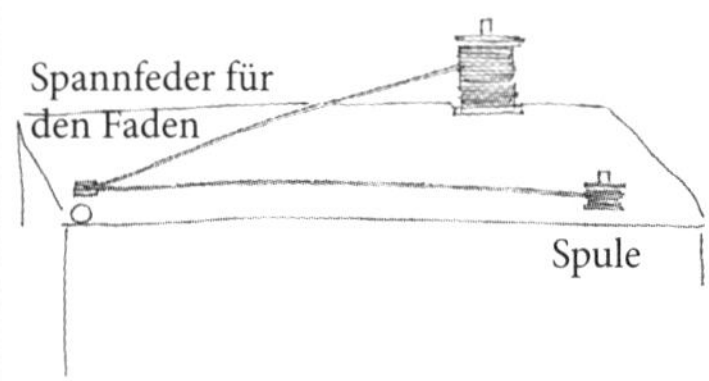

Denken Sie daran, dass es verschiedene Größen von Spulen gibt, die nur in die jeweils entsprechenden Maschinen passen.

Um den Faden spulen zu können, muss das Nähwerk ausgeschaltet sein. Zu diesem Zweck drehen Sie das innere kleine Rad rechts an der Maschine zu sich hin, während Sie das große Handrad festhalten. Die Unterfadenspulen kann man an verschiedenen Stellen aufstecken, das ist je nach Maschinentyp unterschiedlich. Eines ist jedoch gleich: Führen Sie den Faden von der Garnrolle weg, zuerst durch die Fadenspannungsfeder, dann zur Spule.

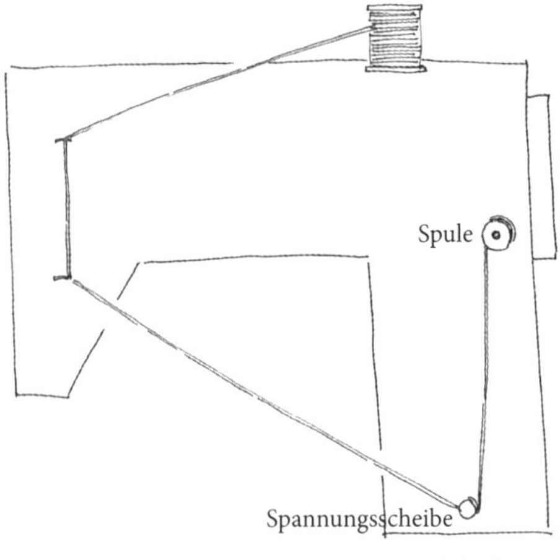

Achten Sie darauf, dass der Unterfaden gleichmäßig aufgespult ist. Spulen Sie nicht zu viel Faden auf. Ist die Spule zu voll oder ungleichmäßig gespult, wiederholen Sie den Vorgang besser, andernfalls kämpfen Sie einen verlorenen Kampf.

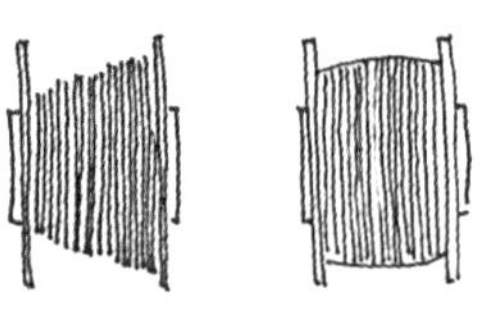

Falsch Richtig

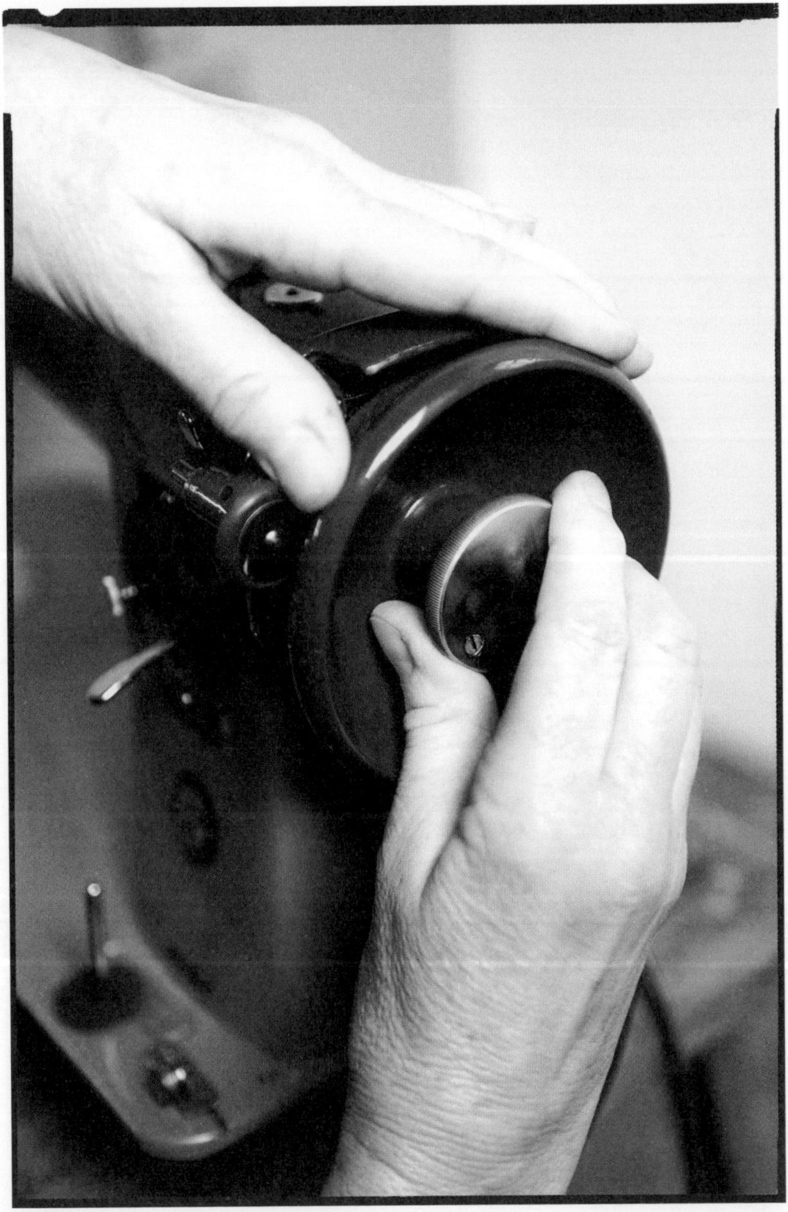

DIE RICHTIGE FADENSPANNUNG

Die Stiche einer Naht sollten oben und unten gleich aussehen. Ist die Oberfadenspannung zu lose, formen sich lockere Stiche auf der Unterseite. Ist der Oberfaden zu straff, formen sich lockere Stiche auf der Oberseite der Naht.

Oberfadenspannung zu locker. Drehen Sie die Spannungsschraube eine Zahl höher, um die Spannung zu erhöhen.

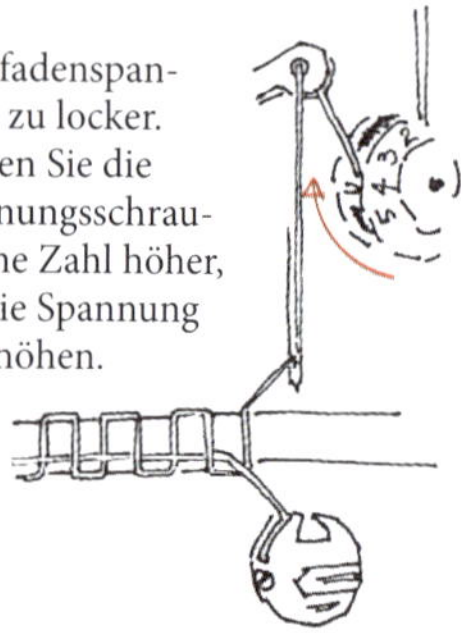

Oberfadenspannung zu straff. Drehen Sie die Stellschraube eine Zahl niedriger, um die Spannung zu lockern.

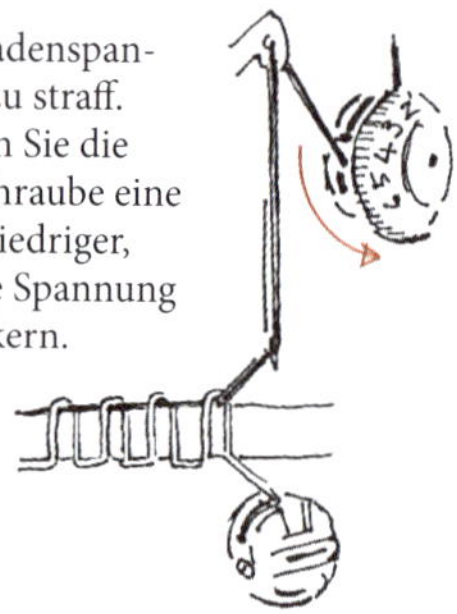

UNTERFADENSPANNUNG VERÄNDERN

Die Unterfadenspannung zu verstellen ist etwas schwieriger. Es sind nur sehr feine Änderungen nötig, doch Sie haben keine Markierungen, an denen Sie sich beim Verstellen orientieren können. Zu leicht können Sie in Endlos-Umdrehungen landen. Verändern Sie die Unterfadenspannung nur, wenn es sich nicht vermeiden lässt.

Eingebaute und herausnehmbare Spulenkapseln besitzen eine kleine Stellschraube an der Seite. Grundsätzlich gilt: Drehen Sie im Uhrzeigersinn, um die Spannung zu erhöhen und gegen den Uhrzeigersinn, um sie zu lockern. Als Eselsbrücke merken Sie sich: Links = Locker.

Eingebaute Spulenkapsel

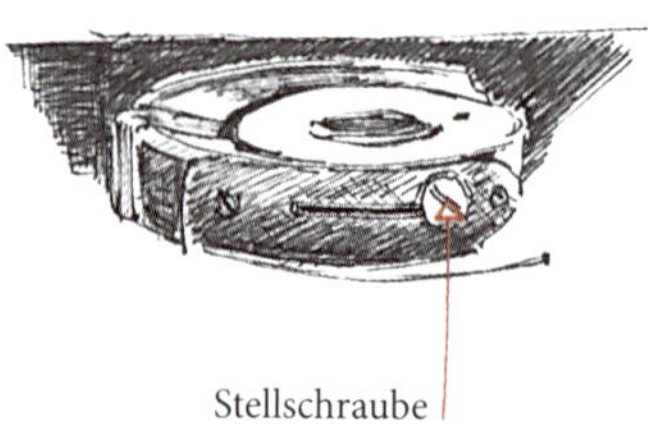

Herausnehmbare Spulenkapsel

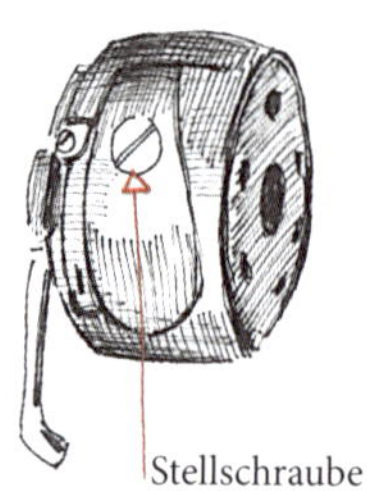

NÄHFUSS

Es gibt massenhaft unterschiedliche Nähfüßchen und jedes hat eine andere Funktion, vom Säumen bis zum Versäubern. Drei davon brauchen Sie wirklich: den Reißverschlussfuß (links), den Geradstichfuß (mitte) und den Zickzackfuß (rechts).

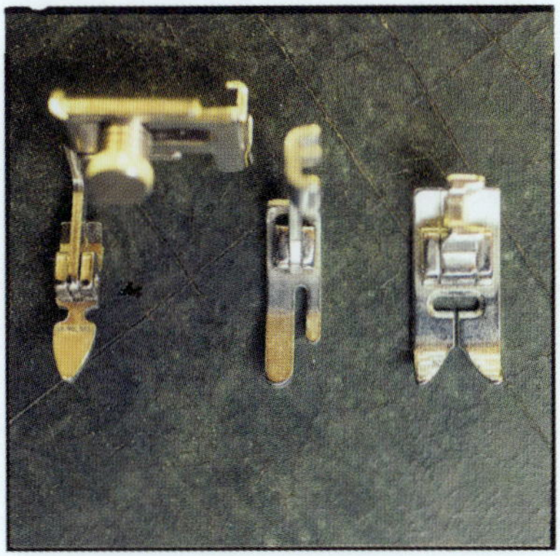

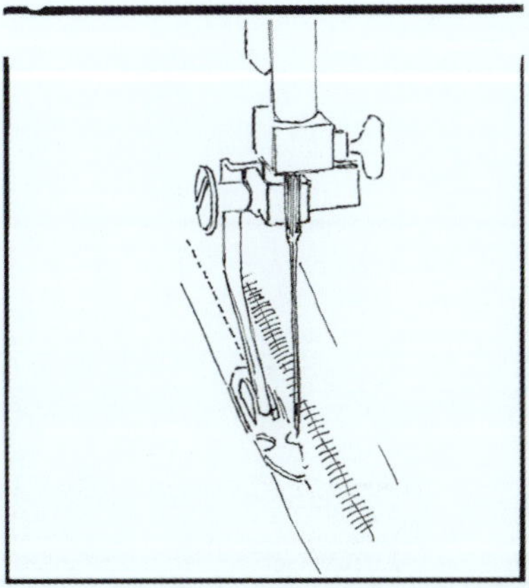

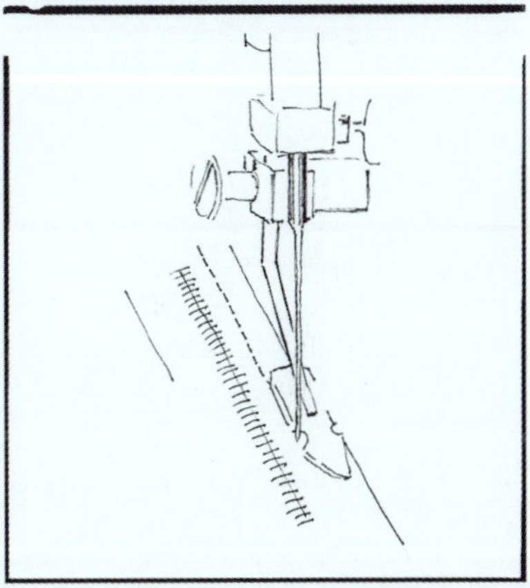

Mit dem Zickzackfuß können Sie beides nähen: Zickzack- und Geradstich. Das begrenzt die Anzahl der benötigten Nähfüßchen auf zwei. Der Zickzackfuß ist die beste Wahl für fast jede Aufgabe und muss nur bei Bedarf gegen den Reißverschlussfuß ausgetauscht werden.

Der Reißverschlussfuß ist sehr schmal und kann auf jede Seite der Nadel verschoben werden, damit der dicke Reißverschluss immer neben dem Füßchen entlangläuft und nicht direkt darunter. Er eignet sich auch zum Einnähen von Paspeln oder wenn auf einer Seite der Naht etwas extra Dickes liegen muss.

GERADSTICH UND ZICKZACKSTICH

Diese beiden Sticharten interessieren uns besonders. Den Geradstich benutzen Sie für die Nähte, den Zickzackstich zum Versäubern von Stoffkanten und für Knopflöcher.

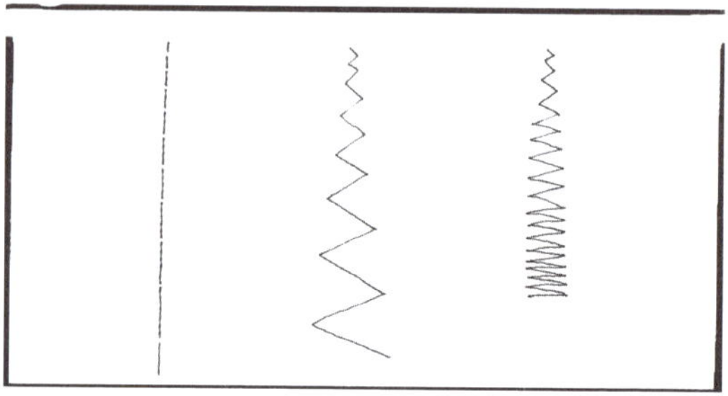

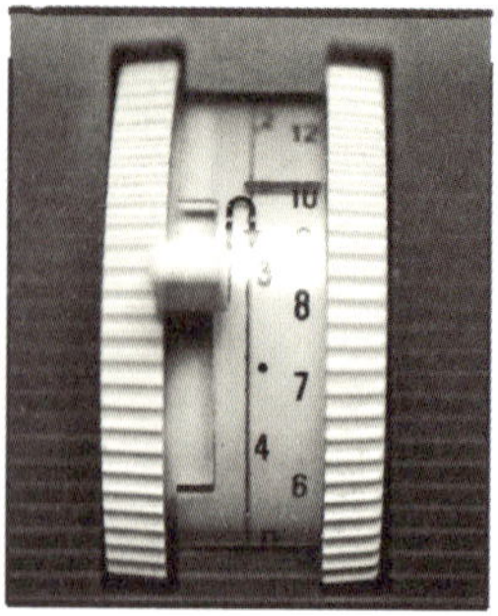

GERADSTICH-LÄNGE

Die Stichlänge wird an einem Drehknopf eingestellt, der sich an der Vorderseite der Maschine befindet. Je höher die eingestellte Zahl, desto länger ist der Stich. Generell gilt: kurze Stiche für feine Stoffe, etwas längere Stiche für festere Stoffe. Den längsten Stich brauchen Sie nur für das Raffen.

Der Zickzackstich kann in zwei Richtungen verstellt werden – in der Länge (am gleichen Rad wie der Geradstich) und in der Breite. Je höher die Zahl, desto breiter der Stich. Generell gilt: schmale Zickzackstiche für feine Stoffe und breite Stiche für feste Stoffe und für Stoffe, die stark ausfransen.

REINIGUNG UND WARTUNG

Die Spulenkapsel und der Stofftransport setzen sich schnell mit Fusseln voll. Deshalb ist es wichtig, sie regelmäßig zu säubern. Bürsten Sie beide gründlich mit der Spitze eines festen Pinsels aus.

Ölen Sie Ihre Maschine regelmäßig, damit Sie lange Freude an ihr haben. Bevor Sie danach weiterarbeiten, sollten Sie einige Male über ein Stoffläppchen nähen, damit keine Ölreste auf Ihre Arbeit übertragen werden.

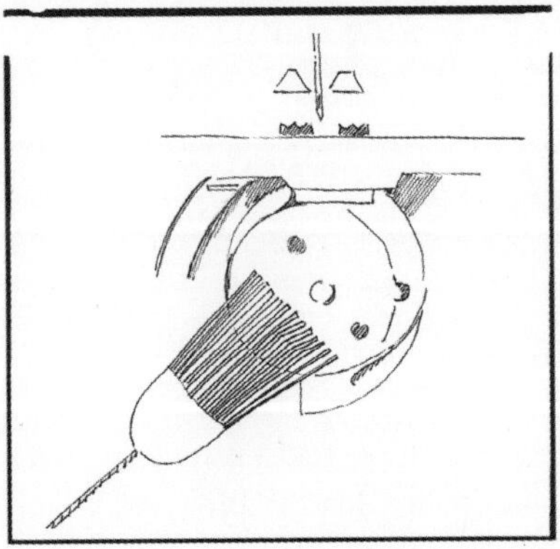

PROBLEMLÖSUNGEN

Wenn Ihre Maschine Probleme macht, hilft meist Folgendes:

- Fädeln Sie den Faden erneut ein. Vielleicht ist dieser aus einer Führung oder der Spannungsscheibe herausgerutscht.
- Legen Sie die Unterfadenspule erneut ein und prüfen Sie, ob ein Fadenrest in der Spulenkapsel steckt. Prüfen Sie auch, ob der Faden gleichmäßig aufgespult wurde.
- Tauschen Sie die Nadel. Eine stumpfe Nadel kann Stau, ausgelassene Stiche und Fadenbruch verursachen. Prüfen Sie, ob die Nadelstärke für den verwendeten Stoff geeignet ist (siehe Seite 13).

Ist das Problem nun noch immer nicht behoben, ziehen Sie das Handbuch der Nähmaschine zu Rate.

ZUBEHÖR

Zusätzlich zu Ihrer Nähmaschine benötigen Sie gutes Nähzubehör. Es ist eine große Versuchung, bei dem reichhaltigen Angebot in Kaufrausch zu verfallen, doch sollten Sie zuerst einmal in die Artikel investieren, die Sie wirklich brauchen. Alle Schneiderinnen und Schneider haben einige Werkzeuge, mit denen sie besonders gerne arbeiten, weil diese sich als praktisch erweisen. Sobald Sie Fortschritte gemacht haben, werden Sie Ihr Sortiment sicher ergänzen, je nachdem, was Sie für Ihr spezielles Vorhaben als nützlich erachten.

MERCHANT & MILLS
Sheffield England
Made in Germany

SCHEREN

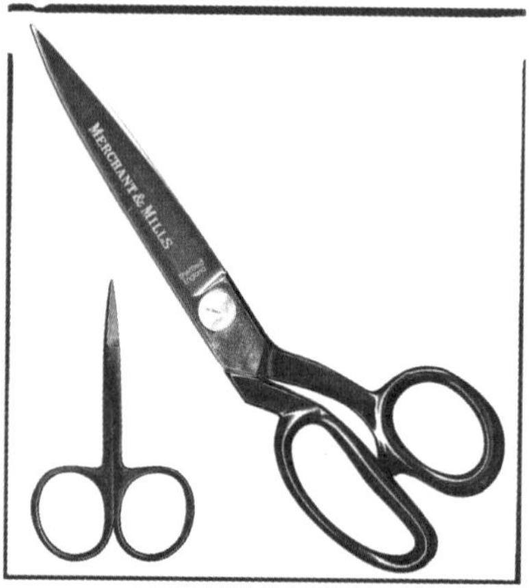

Scheren sind die ständigen Begleiter jeder Schneiderin und jedes Schneiders. Im Idealfall haben Sie immer die richtige zur Hand, ob Sie nun Stoff zuschneiden, Fäden abschneiden oder Knopflöcher aufschneiden.

Wir empfehlen Ihnen, mit einer Schere bester Qualität zu beginnen. Eine Schere muss man schleifen lassen und bei Bedarf nachstellen können. Sie kann ein Leben lang halten. Zusammen mit einer kleinen spitzen Schere können Sie die meisten Arbeiten gut bewältigen. Erst wenn Sie meinen, etwas Spezielleres zu brauchen, sollten Sie Ihr Sortiment aufstocken.

Eine 30 cm lange Schneiderschere ist gut zu handhaben. Sie eignet sich für Aufgaben wie das Zuschneiden von Stoff und um Nahtzugaben zu trimmen.

Die kleine spitze Schere erlaubt es, einen Faden ganz dicht am Stoff abzuschneiden, denn ihre Klingen sind sehr fein. Man kann damit auch Knopflöcher aufschneiden. Papierschnitte schneiden Sie mit der einfachen Haushaltsschere aus. Benutzen Sie Ihre Stoffscheren niemals für etwas anderes als für Stoff, und verstecken Sie sie vor Menschen, die nicht nähen.

STECKNADELN

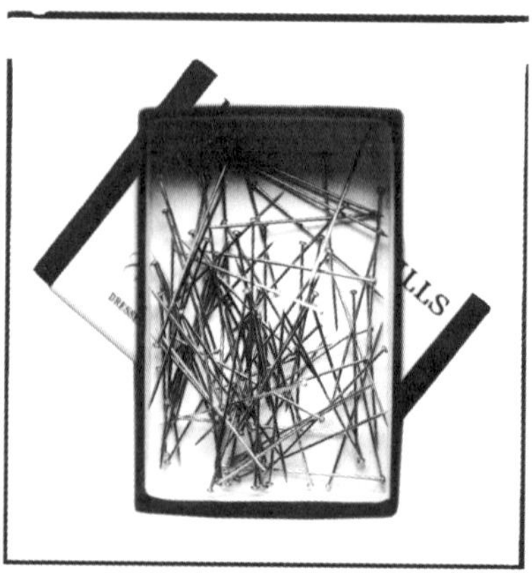

Vernickelte Stahlstecknadeln sind die besten. Wählen Sie schlanke Nadeln und nehmen Sie immer wieder neue, denn stumpfe oder zu dicke Stecknadeln können im Stoff Fäden ziehen. Stecknadeln gibt es in verschiedenen Stärken:

→ für normale Stoffe: Schneiderstecknadeln von 0,6 bis 0,65 mm Stärke

→ für feine Stoffe: 0,44 mm oder weniger, auch als Seidenstecknadeln geläufig

→ für dicke Stoffe nehmen Sie extra lange dicke Stecknadeln mit einem Durchmesser von 0,70 mm (als Quiltstecknadeln)

→ ein gutes Nadelkissen ist mit Schmirgelsand gefüllt, um die Nadeln scharf zu halten.

KREIDE

Mit Schneiderkreide übertragen Sie die Markierungen der Schnittteile auf den Stoff (siehe Seite 46). Auch ist es eine gute Idee, mit der Kreide die linke Seite der Stoffe mit einem X zu kennzeichnen. Das erspart Zeit und Verwirrung, und Sie legen nicht versehentlich die falschen Stoffseiten aufeinander. Halten Sie die Kanten der Kreide mithilfe eines Cutters angeschrägt.

NÄHNADELN

Die üblichen Haushaltsnähnadeln werden mit verschiedenen Stärken in Kombinationspackungen angeboten. Sie genügen für Ihre Zwecke. Lange, dünne Nadeln dienen zum Heften, während kurze, dünne Nadeln feine Stiche ergeben und sich sogar für das Handnähen eignen. Wählen Sie die Nadel, die für Ihre Stoffstärke geeignet ist.

WEITERES WERKZEUG

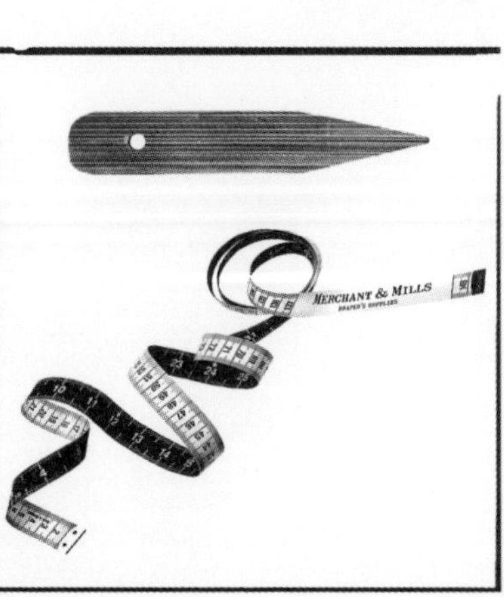

Ein Eckenwender ist zum Wenden von Ecken und Kragen nützlich. Vermeiden Sie es, dafür eine Scherenspitze oder einen Bleistift zu benutzen. Aber eine Stricknadel, ein Falzbein oder ein Essstäbchen sind durchaus ein geeigneter Ersatz.

Ein gutes Maßband dehnt sich nicht und wird dadurch auch nicht ungenau. Verwenden Sie eines, das sowohl Zentimeter als auch Inch angegeben hat.

Weitere nützliche Dinge sind Sicherheitsnadeln, um damit Gummibänder oder Kordeln einzuziehen, ein Dampfbügeleisen sowie ein Bügeltuch aus feinem Leinen.

STOFFE

Wenn Sie nach langem Suchen endlich den wunderbaren Stoff gefunden haben, mit dem Sie arbeiten möchten, dann müssen Sie noch einige Überlegungen anstellen, die insbesondere die Vorbereitung betreffen. Manche Stoffe, besonders Baumwolle, müssen vorab gewaschen werden, denn sie können einlaufen.

e from Organic and

WAHL DER STOFFE

Die richtige Wahl zu treffen ist eine Kunst, die durch Fehlgriffe erlernt wird. Je höher die Stoffqualität, desto besser ist das Ergebnis. Es ist leicht, sich von wunderbaren Druckmustern und Farben verführen zu lassen, doch denken Sie an Ihren Kleiderschrank. Möchten Sie diese Farbe wirklich tragen? Welche Marken tragen Sie und welche Stoffe werden dort verwendet?

BAUMWOLLE Baumwollstoffe sind einfach zu verarbeiten. Sie lassen sich gut bügeln und sind dicht gewebt, was das Zurückschneiden der Nahtzugaben vereinfacht. Sie sind stabil, dehnen sich nicht und sind gut zu nähen. Mit qualitativ hochwertiger Baumwolle zu arbeiten ist eine wahre Freude, und ein gut verarbeitetes Kleidungsstück sieht einfach hinreißend aus. Preisgünstige Baumwolldrucke sind für einfache Sommerkleidung geeignet. Beachten Sie, dass manche Baumwollstoffe wie hochwertige Schneiderstoffe wirken, aber ohne Charakter oder belanglos sind, wodurch sie zwar einfach zu verarbeiten sind, aber langweilig aussehen.

LEINEN Das ist ein wunderbarer Schneiderstoff höchster Klasse. Je besser die Qualität, desto raffinierter das Ergebnis. Leinen kann sehr locker gewebt sein, weshalb besondere Sorgfalt beim Zurückschneiden der Nahtzugaben empfohlen wird. Pressen Sie gründlich und mithilfe eines aufgelegten feuchten Bügeltuchs.

WOLLE Mit Wollstoff zu arbeiten verlangt etwas mehr Übung, denn er dehnt sich leicht und ist schwerer zu pressen. Halten Sie sich von glatten Wollstoffen fern, die zwar auf dem Ballen wunderbar aussehen, doch beim Nähen kein Missgeschick verzeihen und jeden Fehler zeigen. Wählen Sie stattdessen einen Stoff mit wolliger oder strukturierter Oberfläche, der kleine Sünden verzeiht.

STOFFE VORWASCHEN

Es gibt drei gute Gründe, weshalb Sie einen Stoff vorwaschen sollten:

1 Das Waschen entfernt die Stärke (Stoffe werden während des Webens gestärkt, wodurch sie sich steif anfühlen).

2 Manche Stoffe laufen beim ersten Waschen ein. Das kann zu einem Desaster führen, wenn Sie Ihr Kleidungsstück bereits fertiggestellt haben.

3 Beim ersten Waschen kann Farbe ausbluten und verblassen. Dann passt vielleicht die Fadenfarbe nicht mehr.

Generell sollten Sie Stoffe immer vorwaschen. Je teurer der Stoff, desto weniger müssen Sie ihn vorwaschen, denn der Schrumpfungsprozess und das Entfernen der Oberflächenappretur wurden bereits in der Weberei durchgeführt.

Leinen hält die Farbe nicht gut. Wenn Sie Leinen waschen, statt es in die Reinigung zu geben, schädigen Sie die Oberfläche des Stoffs.

Viele Wollstoffe dürfen nur chemisch gereinigt werden, Mischfasern hingegen halten das Waschen gut aus.

Nachdem Sie Ihren Stoff gewaschen haben, sollten Sie ihn sorgfältig bügeln, solange er noch etwas feucht ist. Dadurch entfernen Sie jede Falte.

STOFFBREITEN

Stoffe werden in verschiedenen Breiten angeboten.

→ 90 cm: Das ist eher schmal, oft finden Sie dieses Maß bei handgewebten Stoffen oder bei sehr kostbaren, wie z.B. Seidenbrokat.

→ 120 cm: Seide wird meist in dieser Breite angeboten. Auch viele handbedruckte Stoffe oder Blaudrucke haben diese Breite.

→ 140 und 150 cm: Dies ist die übliche Stoffbreite für Kleider und für weiche Dekostoffe.

STOFFE MIT STRICH

Stoffe mit einem Strich besitzen einen Flor oder eine Webrichtung (denken Sie nur an Wildleder). Das bedeutet, dass Sie alle Schnittmusterteile in der gleichen Richtung auflegen müssen. Sie benötigen mehr Stoff, denn Sie können die Schnittmusterteile weniger dicht auflegen und ausschneiden. Typische Stoffe dieser Art sind Samt und Cord. Bei manchen Stoffen ist der Strich nicht sofort erkennbar. Prüfen Sie den Stoff sorgfältig, bevor Sie zuschneiden. Falten Sie den Stoff zur Hälfte links auf links, dann falten Sie ihn noch einmal halb nach oben. Die beiden Oberflächen sollten gleich aussehen. Wenn nicht, hat der Stoff einen Strich.

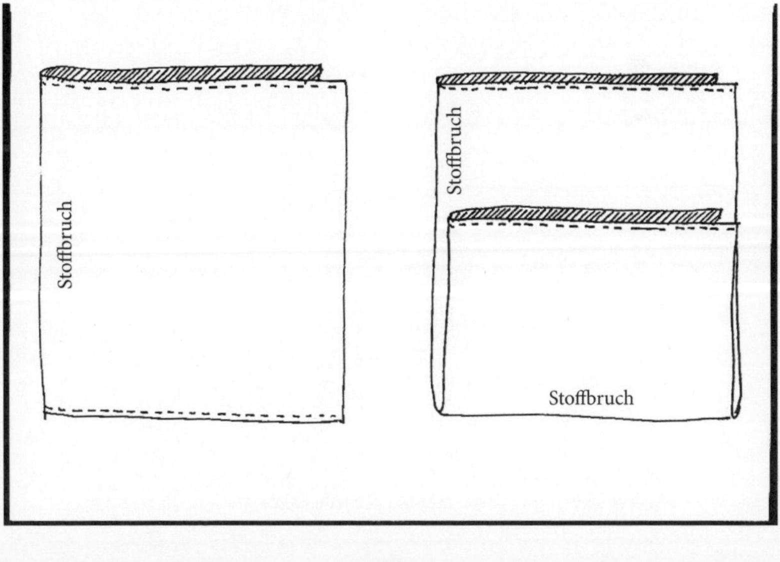

STOFF VORBEREITEN

Bevor Sie zuschneiden, müssen alle Stoffe gut gebügelt und richtig gefaltet sein. Begradigen Sie mindestens eine Kante, dann erst falten Sie den Stoff. Es gibt verschiedene Methoden, eine absolut gerade Kante zu erhalten. Baumwollstoffe können Sie im rechten Winkel zur Webkante reißen. Bei lose gewebten Stoffen können Sie in die Webkante einen kurzen Schnitt machen und dort an einem Schussfaden ziehen. Diese Linie reicht von Webkante zu Webkante und ist an kleinen Fältchen zu erkennen. Karostoffe oder einfache Druckmuster können Sie entlang der Muster schneiden, so wie bei einem Kästchenpapier.

Die meisten Schnittmuster sind so angelegt, dass die Kettfäden der Länge nach vom Kopf in Richtung Fuß verlaufen. Sobald Sie nach dem Querfadenlauf oder im diagonalen Fadenlauf zuschneiden, wird das Kleidungsstück völlig anders sitzen und fallen.

MIT STOFF ARBEITEN

Es ist ratsam, zuerst auf einem kleinen Stück Stoff eine Probenaht zu nähen. So erkennen Sie, ob die Nadelstärke passt, ob sich der Stoff dehnt und ob die Fadenspannung richtig eingestellt ist.

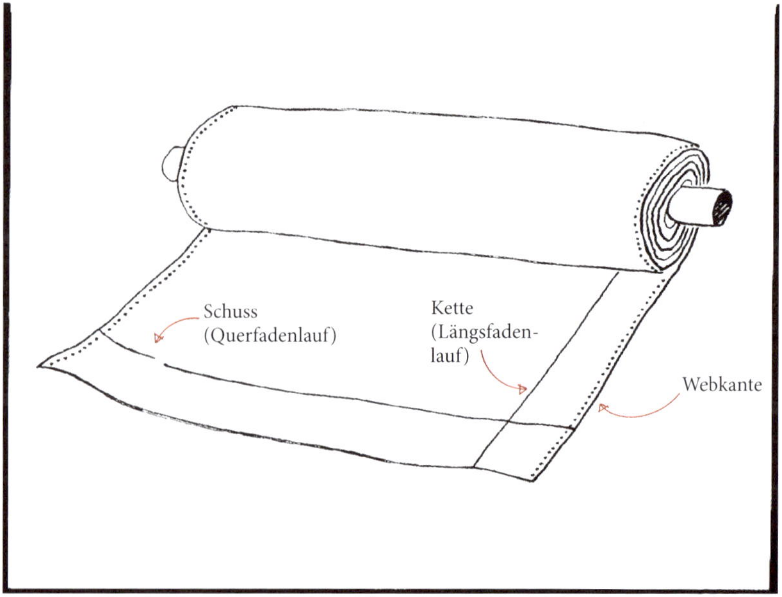

DAS SCHNITTMUSTER

Für Uneingeweihte sieht ein Schnittmusterbogen wie ein kompliziertes Puzzle aus einzelnen Teilen aus. Er ist auf einen oder mehrere große Seidenpapierbogen gedruckt, aus dem Sie Ihre persönliche Größe ermitteln und ausschneiden können. Seit Jahrzehnten werden Schnittmuster auf diese Weise angeboten. Verschieden gestaltete Linien kennzeichnen mehrere Konfektionsgrößen. Die Schnittmusterbogen befinden sich in einem Umschlag, zusammen mit der Anleitung. Diese erklärt, wie Sie mithilfe dieser rätselhaften Seidenpapierstücke einen Stoff in ein praktisches und begehrenswertes Kleidungsstück verwandeln können.

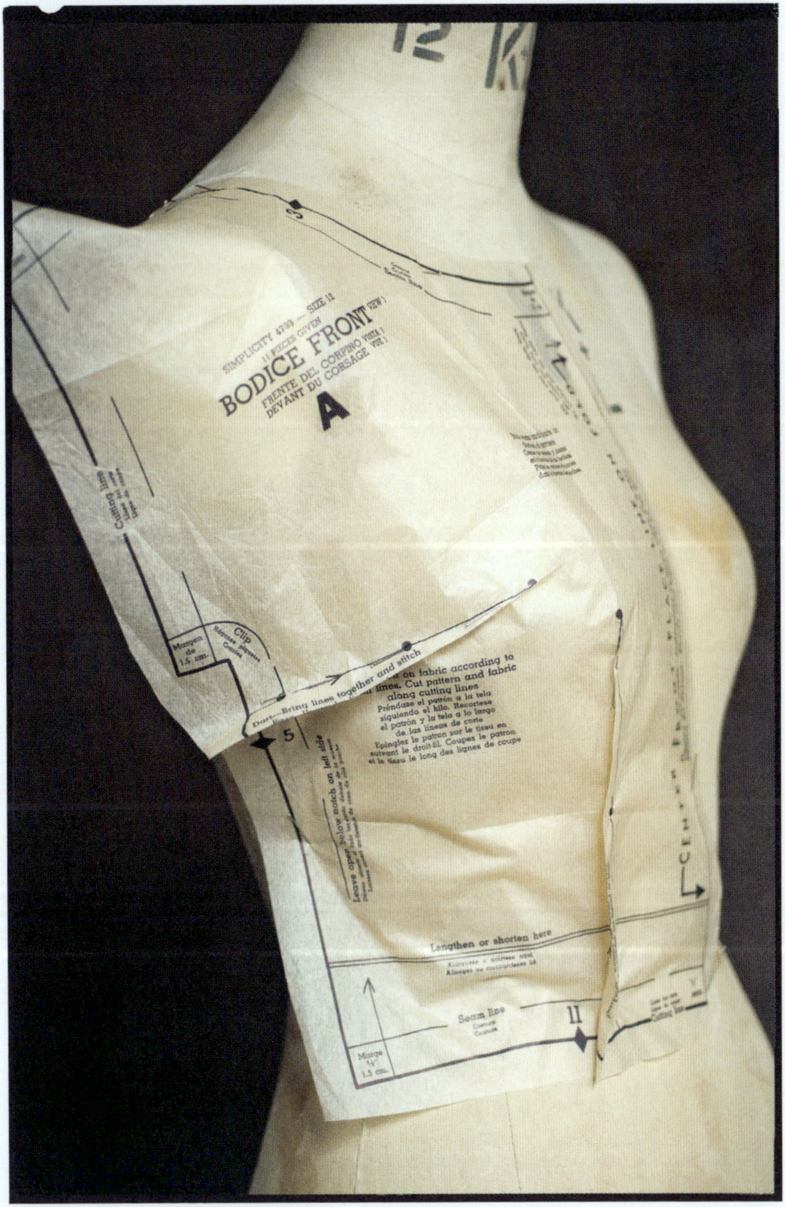
BODICE FRONT
FRENTE DEL CORPINO
DEVANT DU CORSAGE
A
Cutting line
Clip
Dart—Bring lines together and stitch
along cutting lines
Leave open below notch on left side
Lengthen or shorten here
Seam line

DER SCHNITTMUSTERBOGEN

Die Linien auf einem Schnittmusterbogen können verwirrend sein, doch jedes Schnittmuster weist einen Schlüssel auf, der erklärt, welche Linie was bedeutet. Dies sind die üblichen Markierungen:

BEVOR SIE AUSSCHNEIDEN:

a: Name und Nummer des Schnittteils. Daran erkennen Sie, welche Teile Sie benötigen.

b: Zwei parallel laufende Linien kennzeichnen die Stellen, an welchen ein Schnittteil verlängert oder gekürzt werden kann.

DER SCHNITTPLAN

c: Der eingezeichnete Fadenlauf zeigt an, in welchem Winkel zur Webkante das Schnittteil aufgelegt werden muss.

d: Wenn ein Schnittteil für den Schnittmusterbogen zu groß ist, wird es entlang der entsprechenden Markierung am Stoffbruch angelegt.

e: Eine Schneidelinie ist durch ein kleines Scherensymbol gekennzeichnet.

f: Die meisten Schnittmuster sind für mehrere Größen angelegt, die als dicht beieinanderliegende Umrisslinien auf dem Papierbogen abgedruckt sind. Beachten Sie die unzähligen Markierungen und stellen Sie sicher, dass Sie wirklich die richtigen benutzen. Bevor Sie also zuschneiden, müssen Sie den Schnittmusterbogen genau studieren und erkennen, welche Zeichen für Ihre Kleidergröße gelten.

SCHNITTMUSTERSYMBOLE

g: Markierungen entlang der Umrisslinie: Rauten entlang der Linie sind die Passpunkte, auf die später eine Naht passgenau treffen muss.

h: Markierungen innerhalb der Umrisslinie: Einzelne Punkte müssen mit Schneiderschlaufen oder Schneiderkreide übertragen werden. Sie geben die Lage an für Abnäher, Knopflöcher, Taschen, Falten und anderes, wie z.B. die Naht für den Reißverschluss.

Auf der Rückseite des Schnittmusterumschlags befindet sich eine Größentabelle und die Angabe der jeweils benötigten Stoffmenge. Eine Modellzeichnung zeigt alle Details. Studieren Sie diese sorgfältig, damit Sie herausfinden, wie das Kleidungsstück aussehen soll. So eine Zeichnung ist oft aussagekräftiger als das Foto auf der Vorderseite. Beachten Sie die Informationen bezüglich der Belege, Reißverschlüsse und Knöpfe, damit Sie die richtigen Mengen und Größen einkaufen.
Gehen Sie sorgfältig mit dem Schnittmusterbogen um, denn das Papier reißt leicht. Studieren Sie vor dem Zuschneiden den Bogen so intensiv wie eine Landkarte, damit Sie genau wissen, wo es entlanggeht und was Sie alles brauchen. Bleiben Sie unbedingt bei der für Ihre Größe zutreffenden Linie!
Manche Schnittmuster sind sehr ausführlich beschriftet und in allen Details ausgearbeitet, manche eher weniger. Diese setzen die nötigen Kenntnisse voraus.

SCHNITTMUSTERSYMBOLE

Bevor Sie zuschneiden

a

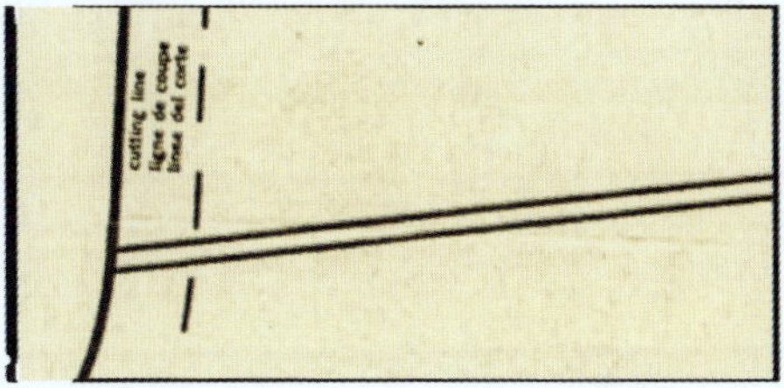

b

Umrisslinien

c

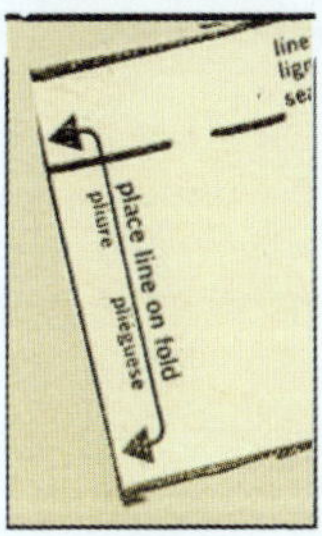

d

e

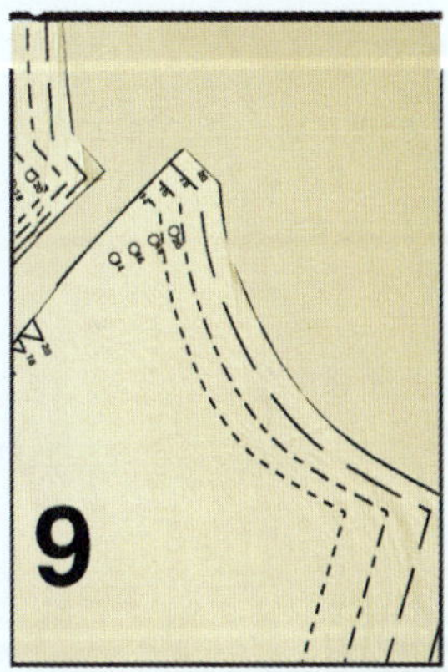

f

Markierungen

g

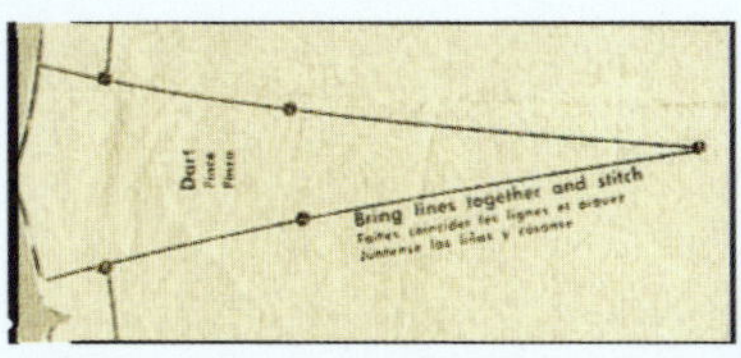

h

WAS IST IM SCHNITTMUSTERUMSCHLAG?

Zusammen mit dem Schnittmuster und der Anleitung liegt darin auch eine Übersicht aller benötigten Teile. Jedes Zuschneideteil trägt eine Nummer. Zählen Sie, wie viele Teile Sie haben und übersehen Sie nicht die kleinen.

SCHNITTTEILE FÜR EIN KLEID

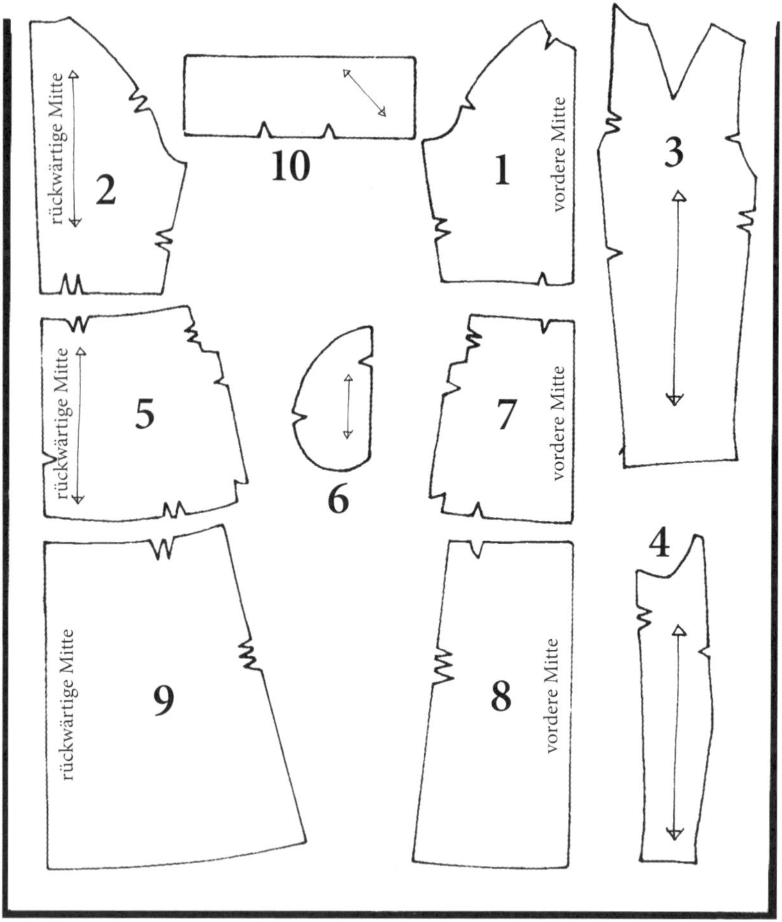

Danach folgen die Auflagepläne. Jeder gilt für eine bestimmte Stoffbreite und manchmal auch für bestimmte Körpergrößen. Das Wichtigste ist der Papierschnitt. Schneiden Sie jetzt alle Teile aus und bügeln Sie das Papier, falls es zerknittert ist.

AUFLAGEPLÄNE VERSTEHEN

Manche Schnittteile werden entlang des Stoffbruchs aufgelegt, sodass das aufgefaltete Stoffteil zu einem großen Stück wird. Oft können Sie einen Stoff an verschiedenen Stellen zusammenlegen und wieder auffalten, damit beim Zuschneiden möglichst wenig Stoff verschwendet wird.

Ein typischer Auflageplan zeigt an, wie ein Stoff gefaltet werden soll und wie die Teile am besten aufgelegt werden, jeweils abhängig von der Stoffbreite.

Wenn Sie diesen Plan richtig verstehen, nutzen Sie die Fläche des Stoffes optimal. Der Stoff kann auch mehrmals gefaltet und wieder aufgefaltet werden.

Die Abbildung oben links zeigt einen Auflageplan mit einer einzelnen senkrechten Faltlinie (Stoffbruch). Die beiden anderen zeigen ein Beispiel, wie der Stoff an einer Seite zur Mitte gefaltet wird.

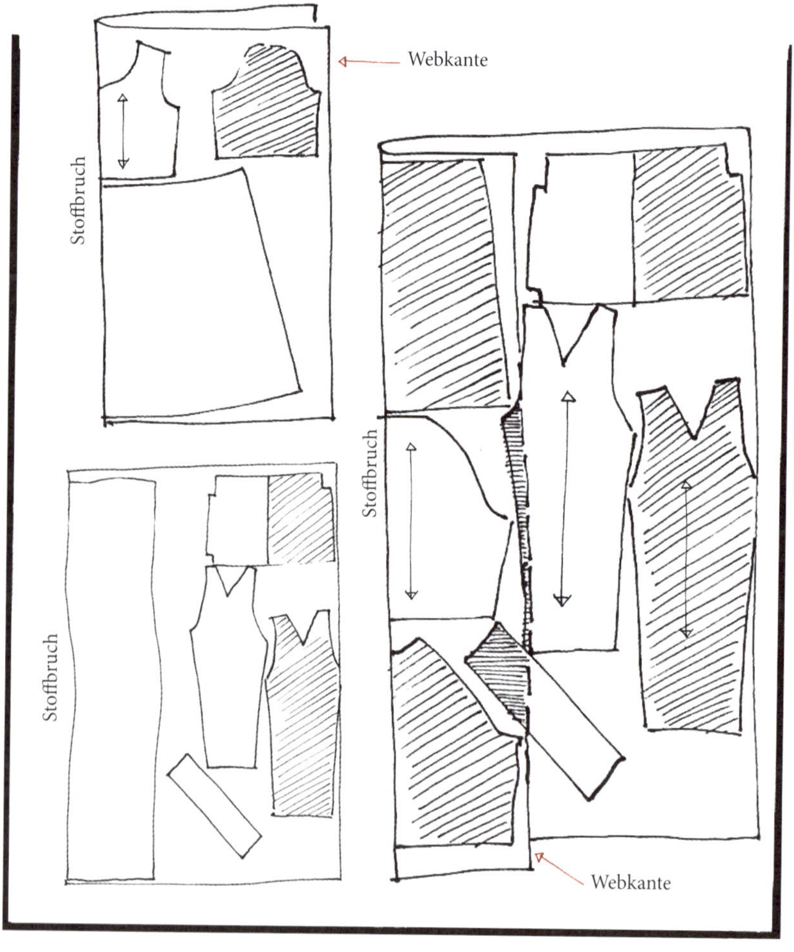

- Diagonale Schraffurlinien bedeuten, dass das Schnittmuster mit der bedruckten Seite nach unten aufgelegt werden muss.
- Unbedruckte Teile bedeuten, dass diese Seite nach oben weisen muss.
- Liegen ein unbedrucktes und ein schraffiertes Teil direkt aneinander, heißt das, dass der Stoff gefaltet wird, damit das Teil im Stoffbruch zugeschnitten werden kann.
- Schnittmusterteile, die halb auf dem Stoff, halb darüber hinausragend abgebildet sind, bedeuten, dass Sie zuerst alle anderen Teile zugeschnitten haben müssen. Dann falten Sie den Stoff wieder auf und schneiden diese Teile aus.
- Ein Sternchen zeigt an, dass es hier eine Besonderheit zu beachten gilt.
- Eine gestrichelte Linie heißt, dass das Schnittteil mehrmals zugeschnitten werden muss.

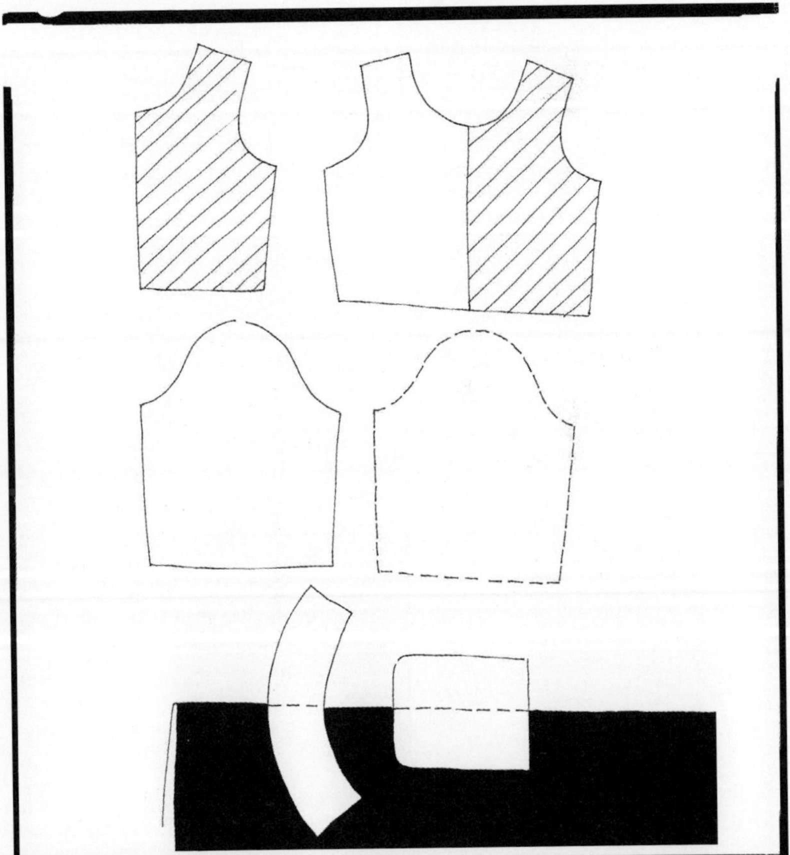

TEILE AUFLEGEN UND FADENLAUF

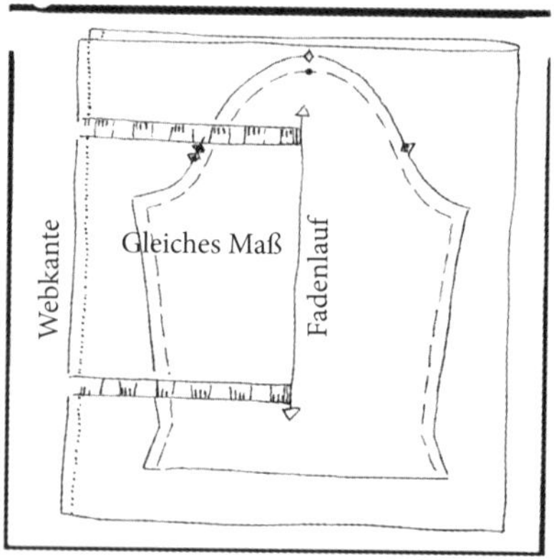

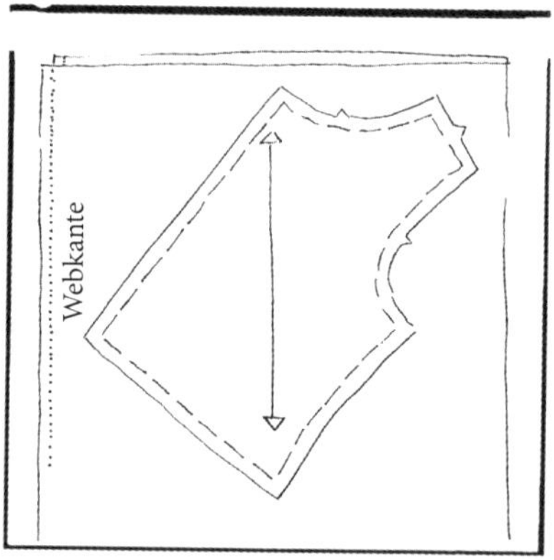

Auf allen Schnittteilen ist der Fadenlauf als langer, zweispitziger Pfeil eingezeichnet. Dieser muss parallel zur Webkante liegen. Messen Sie den Abstand beider Pfeil-Enden bis zur Webkante. Schieben Sie das Schnittteil so lange zurecht, bis beide Pfeil-Enden im gleichen Abstand zur Webkante liegen.

Die Pfeile für den Fadenlauf müssen nicht immer senkrecht über das Schnittteil verlaufen. Bei schräg aufzulegenden Teilen ist der Fadenlauf diagonal aufgezeichnet.

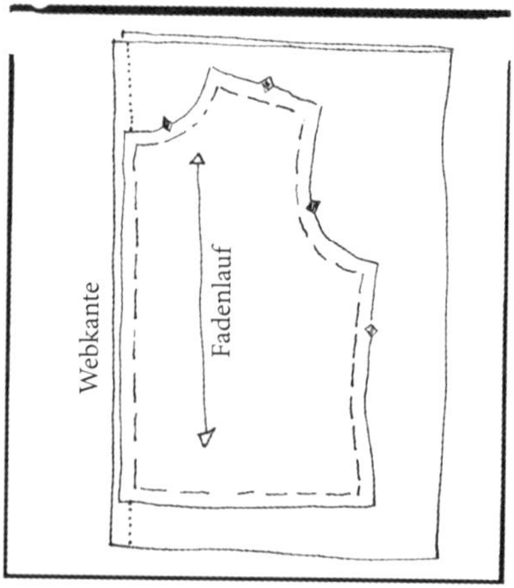

Webkanten können von Stoff zu Stoff unterschiedlich sein. Manche Webkanten sind ziemlich breit und dürfen nicht zur Stoffbreite gerechnet werden. Wenn eine Webkante fein gewebt ist, kann sie in die Nahtzugabe eingearbeitet werden. Aber achten Sie darauf, dass sie nicht zu breit gerät und dass man sie nicht in der Naht sieht.

SCHNITTMUSTERTEILE AUF DEN STOFF STECKEN

Beginnen Sie am Stoffbruch, zuerst an den Ecken oben und unten, dann am Bruch entlang. Achten Sie darauf, dass das Schnittmuster genau auf dem Bruch liegt, nicht darüber hinausragt oder im Abstand dazu liegt, denn das wirkt sich auf die Größe des fertigen Kleidungsstücks aus. Streichen Sie das Schnittmuster glatt und stecken Sie die übrigen Ecken auf dem Stoff fest. Dann erst stecken Sie den Rest der Fläche auf. Benutzen Sie ausreichend Stecknadeln, sodass sich während des Zuschneidens das Papier nicht abhebt.

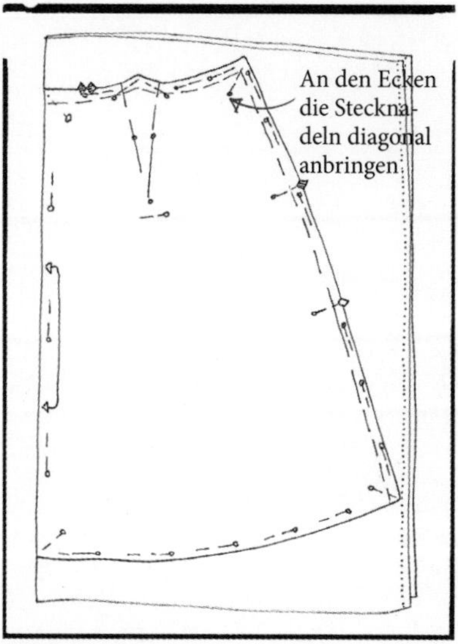

ZUSCHNEIDEN

Die Zuschneidelinie ist die breite durchgehende Umrisslinie. Halten Sie die freie Hand dicht neben der Schere, damit Papier und Stoff flach auf der Arbeitsfläche liegenbleiben. Führen Sie die Schere mit langen, gleichmäßigen Schnitten. Eine gute scharfe Schneiderschere erleichtert Ihnen die Arbeit. Lassen Sie sich Zeit und schneiden Sie genau und sauber aus. Bitte achten Sie darauf, ob die Naht-und Saumzugaben im Schnittmuster enthalten sind. Falls nicht, müssen diese vor dem Zuschneiden mit Lineal und Schneiderkreide auf den Stoff gezeichnet werden.

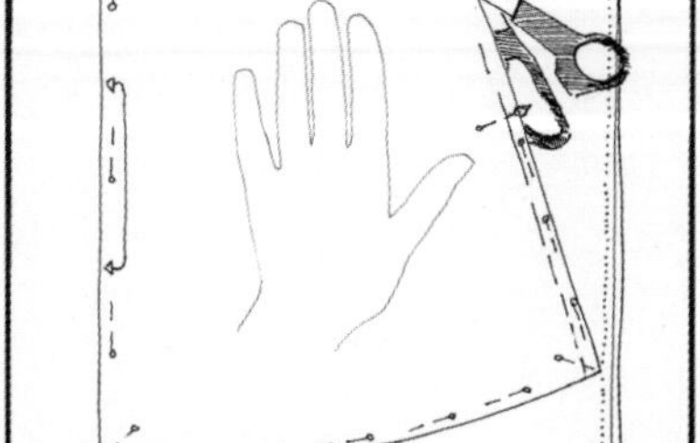

MARKIERUNGEN ÜBERTRAGEN

Es ist sehr wichtig, alle Markierungen zu übertragen, denn an diesen Stellen müssen die Nähte auftreffen. Manche Markierungen sind doppelt gezeichnet und kennzeichnen den Rücken. Schneiden Sie in das Markierungszeichen oder darum herum.

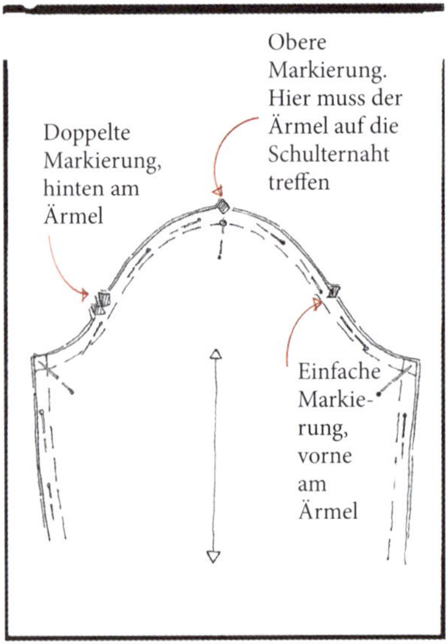

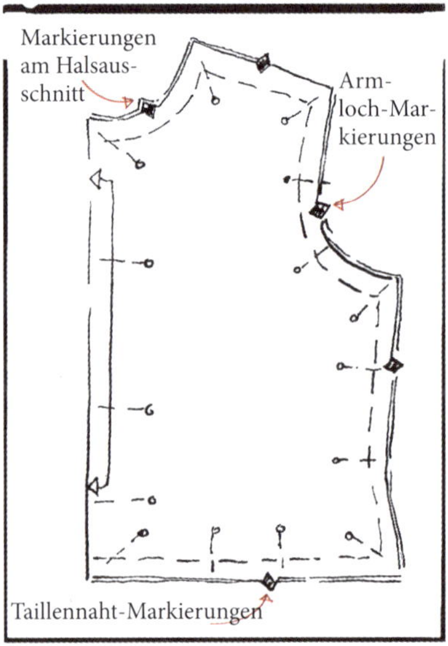

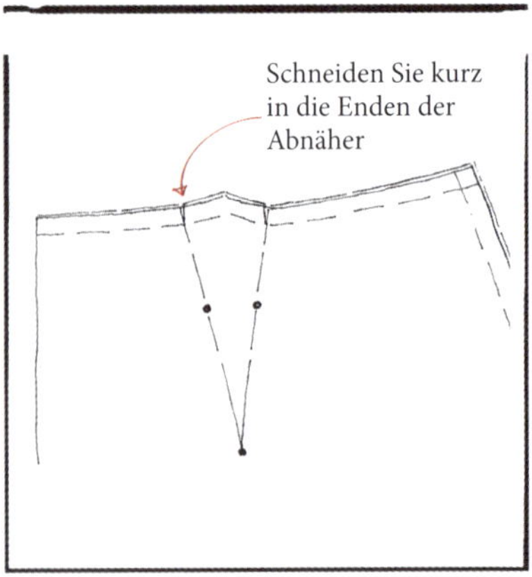

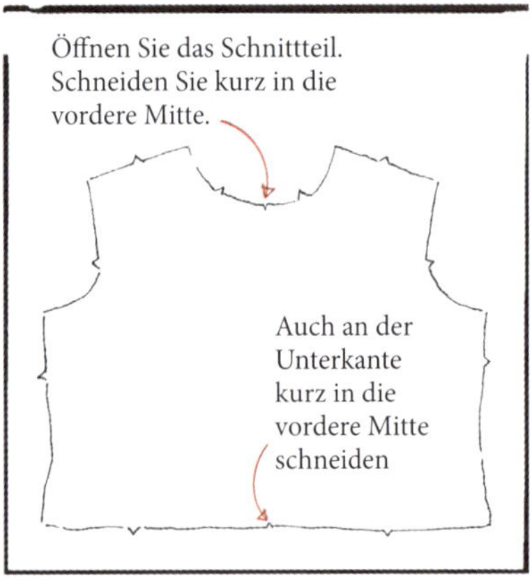

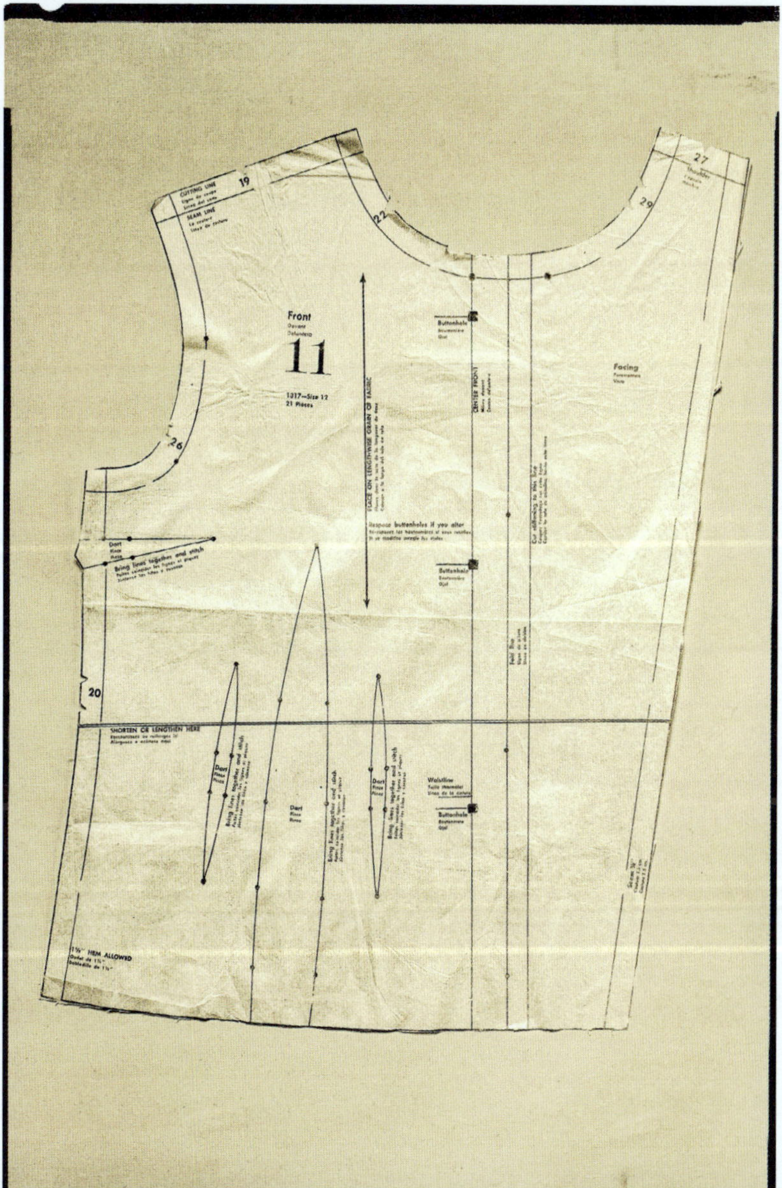

MARKIERUNGEN AUF DEN STOFF ÜBERTRAGEN

SCHNEIDERSCHLAUFEN

Sie sind etwas aufwendiger und benötigen mehr Zeit, sind aber hilfreich bei Stoffen, auf denen Kreidemarkierungen schlecht zu sehen sind. Übertragen Sie die Markierungen, bevor Sie das Schnittmuster wegnehmen.

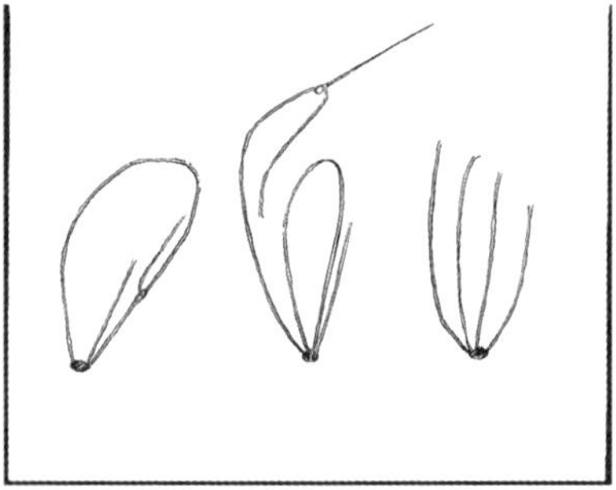

1 Arbeiten Sie mit doppelt gelegtem Reihgarn und nähen Sie eine lockere Schlaufe durch Papierschnitt und alle Stofflagen. Schneiden Sie die Schlaufe an der Oberseite auf und wiederholen Sie dies bei allen Markierungspunkten.

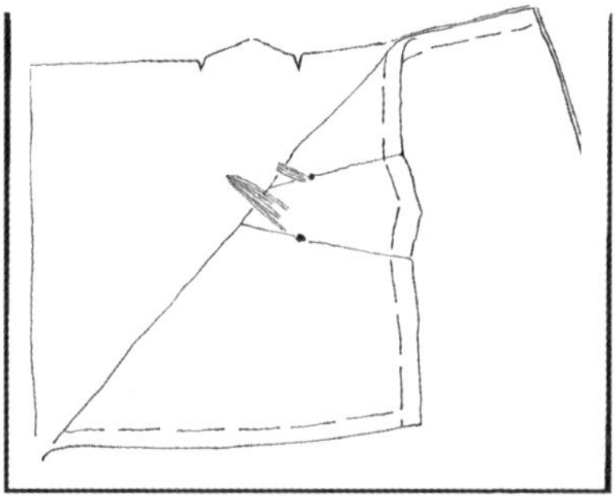

2 Nehmen Sie nun den Papierschnitt vorsichtig ab, ohne an den Fäden zu ziehen.

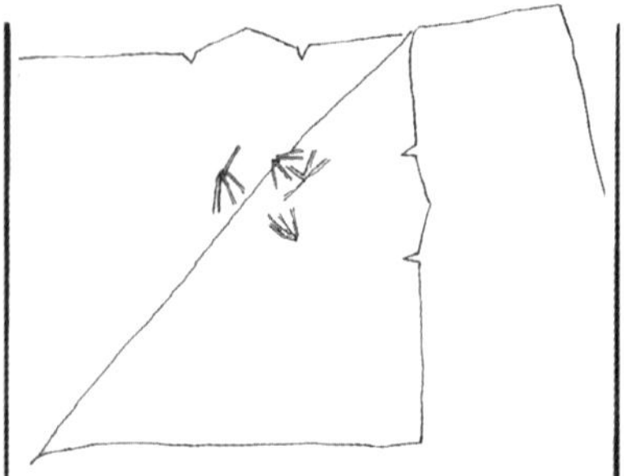

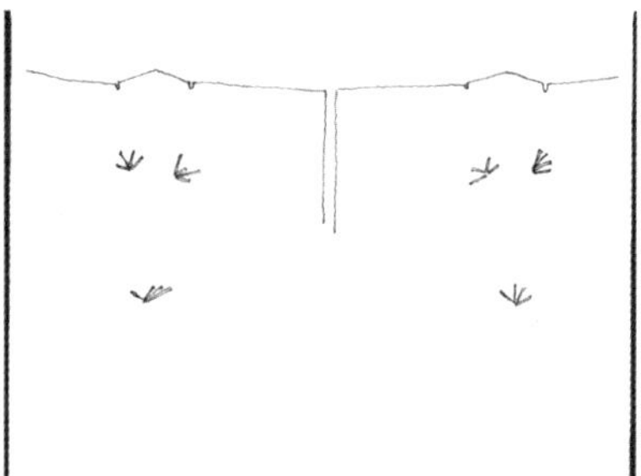

3 Heben Sie die obere Stoffschicht etwas an und durchtrennen Sie mit der Schere die Fäden zwischen den Lagen, sodass auf beiden Stoffseiten Fadenenden stehen bleiben.

Dart
Dart

MIT SCHNEIDERKREIDE ZEICHNEN

Schneiderkreide gibt es in verschiedenen Farben. Wenn Sie auf der rechten Stoffseite markieren müssen, sollten Sie vorab prüfen, ob sich die Kreidelinien wieder entfernen lassen und keine dauerhaften Striche zurückbleiben.

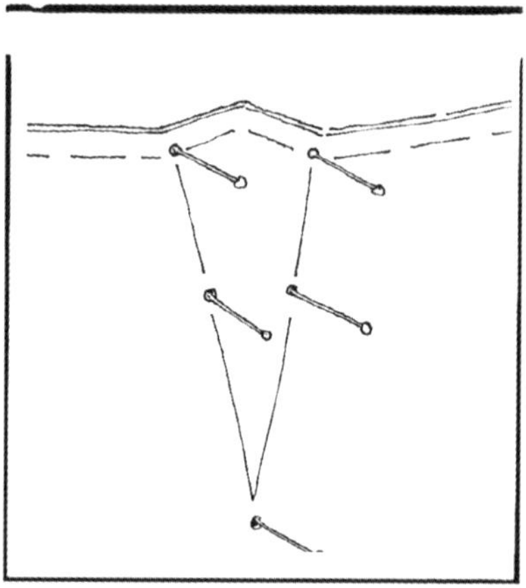

1 Schieben Sie die Stecknadeln senkrecht durch das Papier und durch alle Stofflagen.

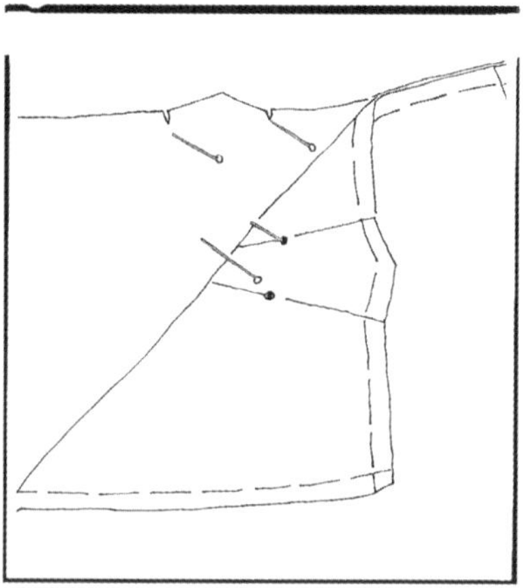

2 Heben Sie das Papier vorsichtig ab und drücken Sie die Stecknadelköpfe durch das Papier hindurch.

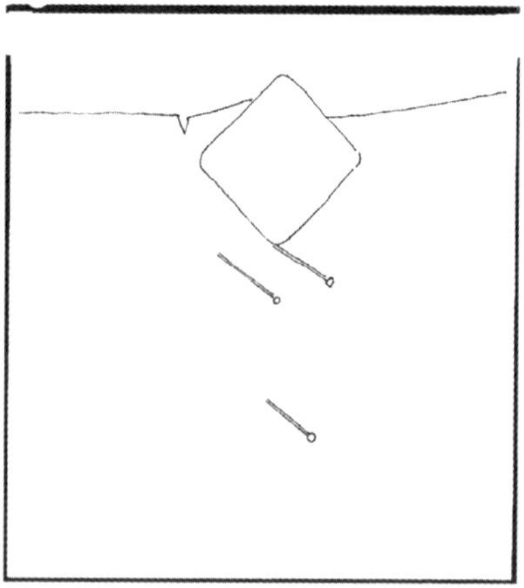

3 Markieren Sie auf der linken Stoffseite die Lage jeder Stecknadel mit einem Kreidepunkt. Nun können Sie die Punkte mit Kreide und Lineal miteinander verbinden und haben eine klare Nählinie.

PRESSEN MIT DEM BÜGELEISEN

Das Pressen mit dem Bügeleisen ist so wichtig wie das Nähen. Stellen Sie sich darauf ein, dass Sie mehr Zeit am Bügelbrett verbringen werden als an der Nähmaschine. Dabei ist ein gutes Dampfbügeleisen eine große Hilfe. Pressen Sie nach jedem Arbeitsgang, nur dann wird das Kleidungsstück gut gelingen und professionell aussehen.

Es gibt viele Hilfsmittel zum Pressen. Es genügt jedoch, grundsätzlich jede Naht und jedes Detail perfekt flach zu pressen, bevor Sie den nächsten Arbeitsschritt beginnen.

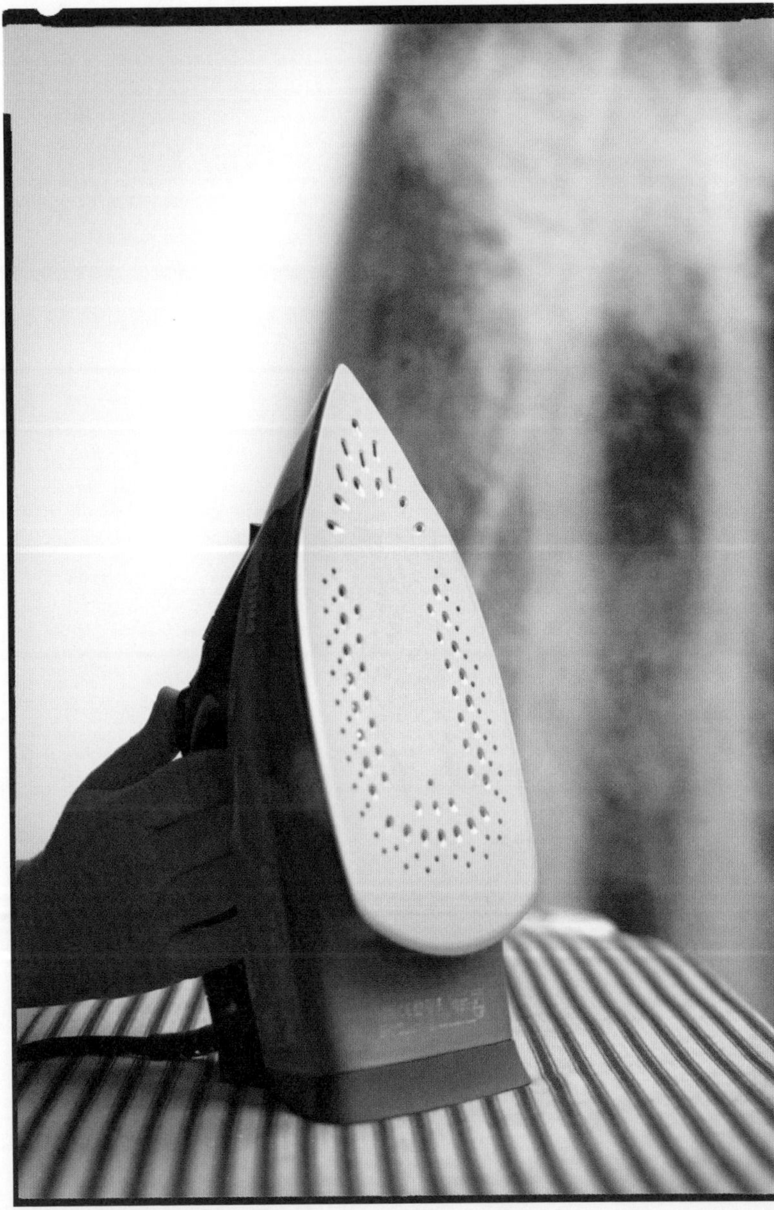

TIPPS ZUM PRESSEN

Pressen Sie Ihren Stoff zuerst probehalber, um die richtige Bügeltemperatur zu finden. Benutzen Sie für Wolle und Leinen stets ein Bügeltuch, andernfalls wird die Oberfläche glänzend. Nach dem Pressen und nachdem der Stoff abgekühlt ist, heben Sie das Kleidungsstück vom Bügelbrett und halten Sie es hoch. Überprüfen Sie, ob das Teil perfekt gepresst wurde. Zuviel des Guten lässt das Kleidungsstück getragen und schäbig aussehen.

Pressen ist etwas anderes als Bügeln und wird auch anders durchgeführt. Schieben Sie das Bügeleisen nicht hin und her. Stellen Sie es senkrecht nach unten ab, heben Sie es an und stellen Sie es an anderer Stelle wieder auf dem Stoff ab.

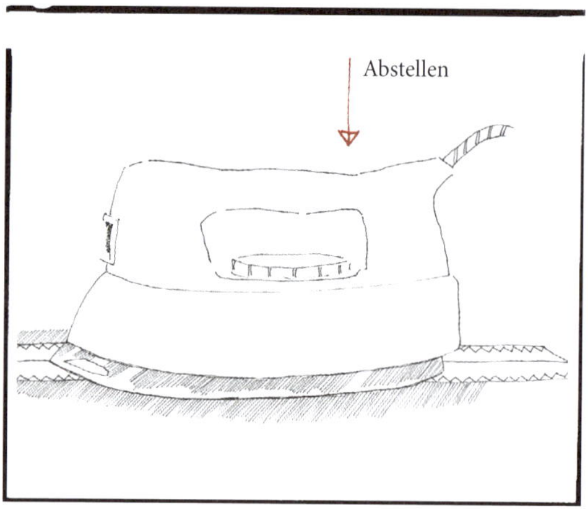

Nach dem Pressen lassen Sie das Kleidungsstück vollständig abkühlen, bevor Sie es vom Bügelbrett nehmen. Dies lässt die Hitze und den Dampf richtig einwirken.

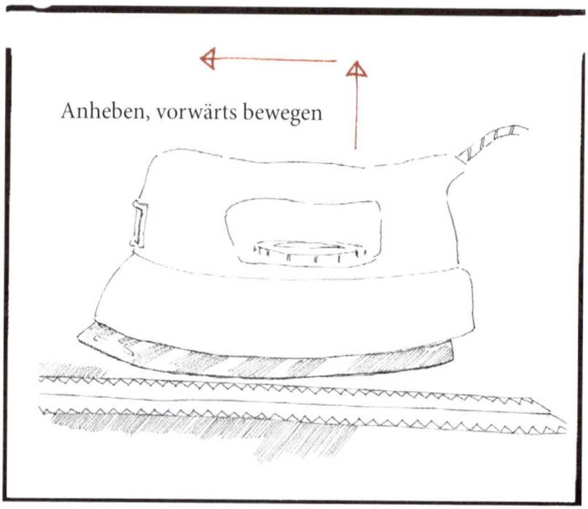

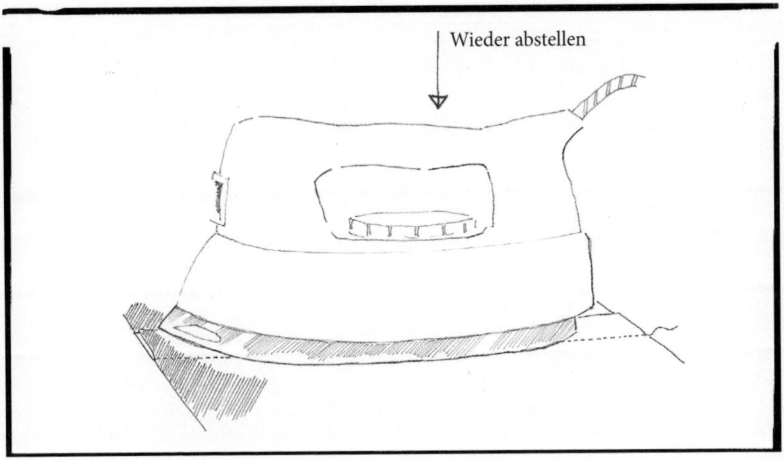

Pressen Sie zuerst die Naht flach, bevor Sie die Nahtzugaben auseinanderbügeln. Dadurch werden die Stiche im Stoff versenkt.

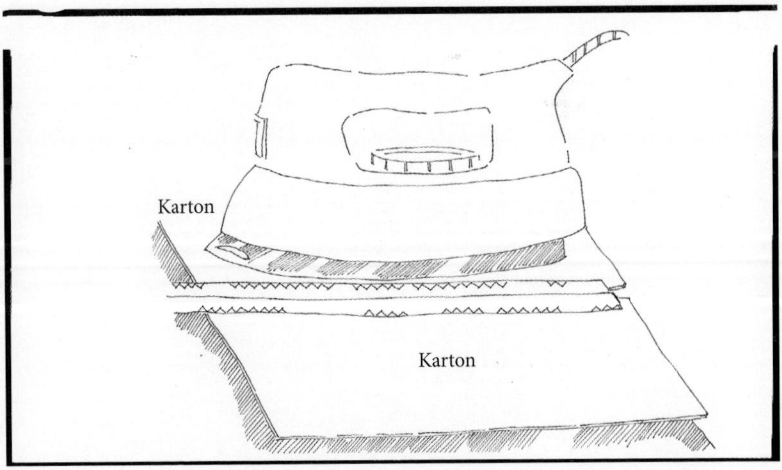

Schieben Sie zwei Stücke Karton oder Stoff unter Abnäher oder andere Details, damit sie nicht auf die Vorderseite des Kleidungsstücks durchgedrückt werden.

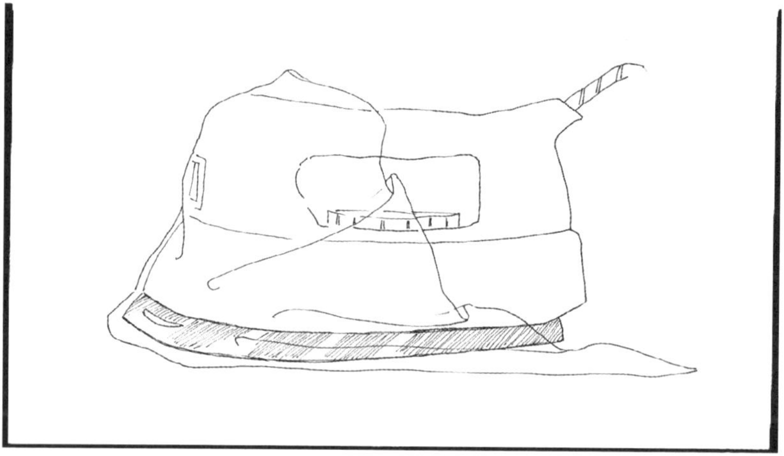

Legen Sie ein Bügeltuch unter das heiße Eisen und breiten das überstehende Teil des Tuchs über das Bügeleisen hinweg.

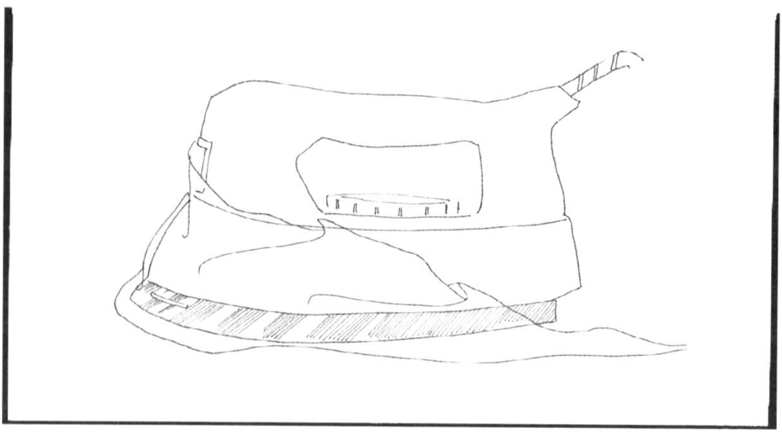

Während Sie weiter pressen, gleitet das Tuch von allein unter die Bügelfläche.

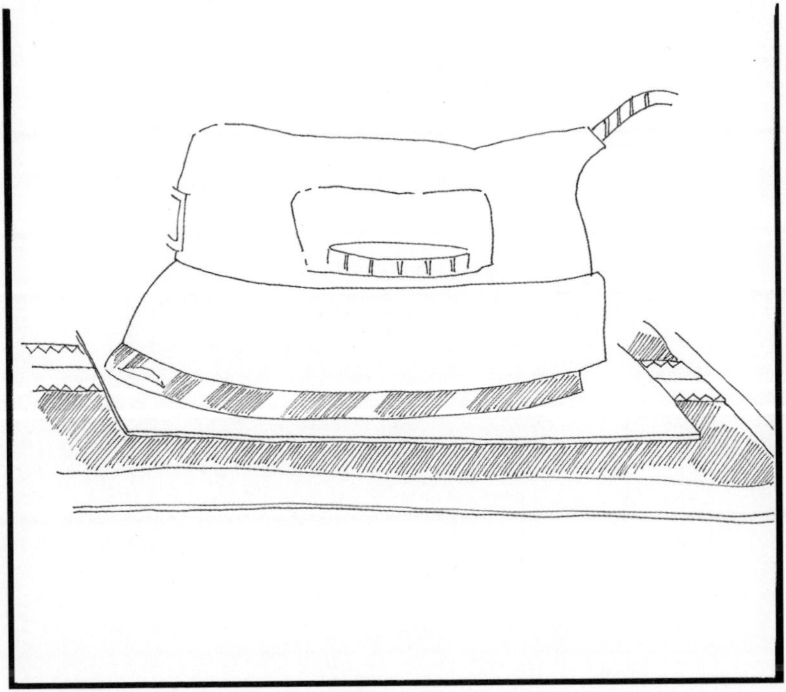

Ein Bügeltuch ist lediglich ein großes, feuchtes Stück Leinen oder Baumwolle – Leinen ist besser, weil es mehr Feuchtigkeit hält. Es kommt immer dann zum Einsatz, wenn Sie die Oberfläche eines Kleidungsstücks schonend pressen müssen. Manche Stoffe erhalten einen unerwünschten Glanz, wenn man sie nicht schützt.

Halten Sie das Tuch feucht, aber nicht nass, denn das könnte den Stoff einlaufen lassen. Wenn Sie Wollstoff oder eine Klappentasche pressen, legen Sie ein Stück Wollstoff unter das Kleidungsstück und ein weiteres unter das Bügeleisen. Dadurch werden die Teile nicht zu platt.

HAND-NÄHSTICHE

Auch wenn es unzählige Handnähstiche gibt – von komplizierten bis hin zu ganz schlichten, und jeder davon dient einem bestimmten Zweck –, so sind es am Ende doch nur wenige, auf die Sie nicht verzichten können. In diesem Kapitel erklären wir die nötigsten Stiche: den Heftstich, den Kreuzstich und den Blindstich. Sie genügen den meisten Ansprüchen.

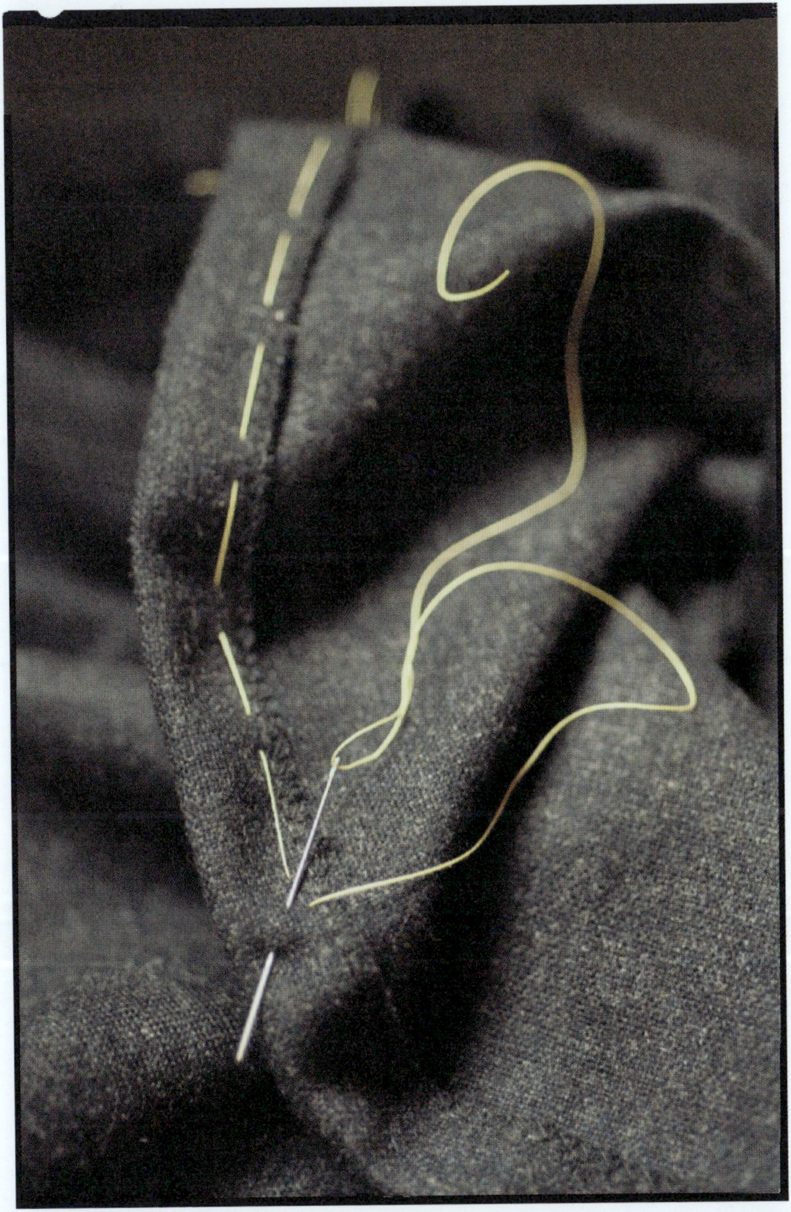

HEFTEN

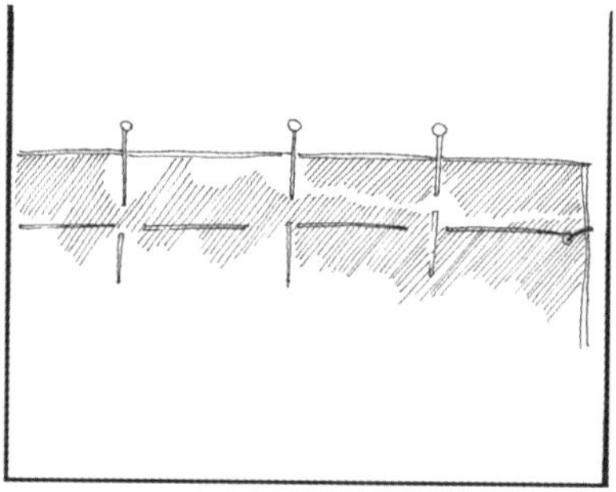

Der Heftstich (auch Reihstich) ist ein langer, gleichmäßiger Stich, mit dem Stofflagen kurzzeitig aufeinandergehalten werden. Benutzen Sie für das Heften eine lange Nähnadel, damit Sie mehrere Stiche gleichzeitig auf die Nadel nehmen können.

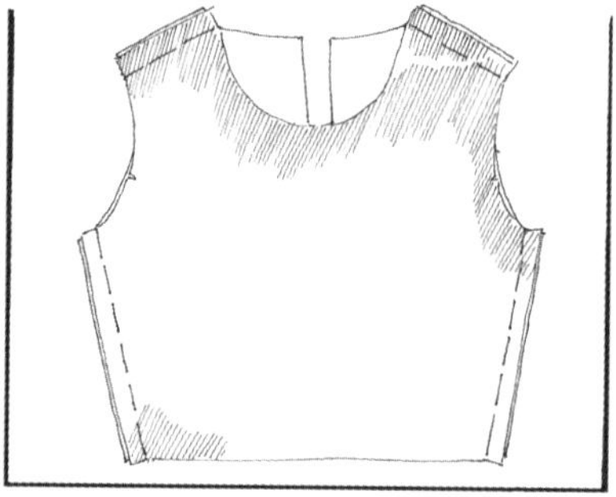

Geheftet wird aus zweierlei Gründen. Erstens kann man damit ein Kleidungsstück zur Anprobe vorbereiten. Geheftete Nähte sind genauer und weniger schmerzhaft als Stecknadeln. Der zweite Grund ist, schwierige Nähte zusammenzuhalten, bevor man sie näht. Anschließend Heftfäden entfernen.

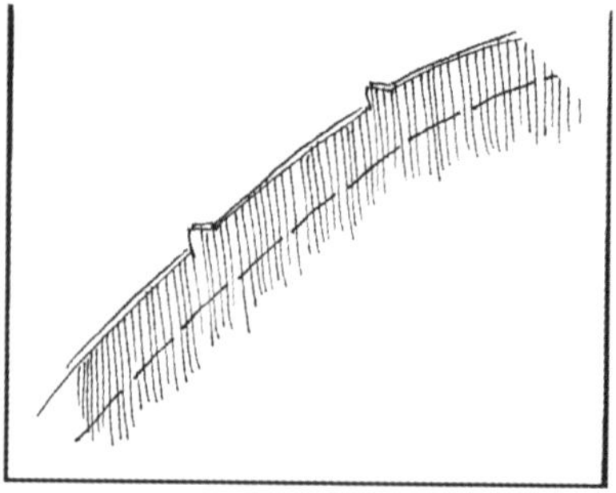

Zur Vorbereitung einer Anprobe sollte direkt auf der Nahtlinie geheftet werden.

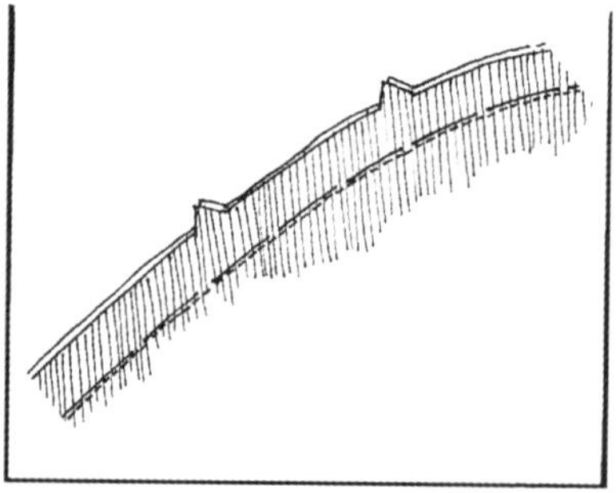

Um eine schwierige Naht zusammenzuhalten, sollten Sie knapp innerhalb der Nahtzugabe heften. Nähen Sie nicht direkt auf der Heftlinie, sonst ist der Faden später nur schwer zu entfernen. Arbeiten Sie mit einer sichtbaren Fadenfarbe.

BLINDSTICH

Mit dem Blindstich fügen Sie zwei umgeschlagene Stoffkanten aneinander. Er ist nahezu unsichtbar und wird benutzt, um Taschenfutter zu befestigen oder um eine Kissenhülle zu schließen. Benutzen Sie eine Nähnadel mittlerer Stärke. Nähen Sie von rechts nach links und schieben Sie die Nadelspitze durch den gefalteten Stoff, dicht innerhalb der Kante. Arbeiten Sie dann einen winzigen Stich direkt zur gegenüberliegenden Stoffkante und führen Sie die Nadel dort innerhalb der Kante nach vorne. Wiederholen Sie dies.

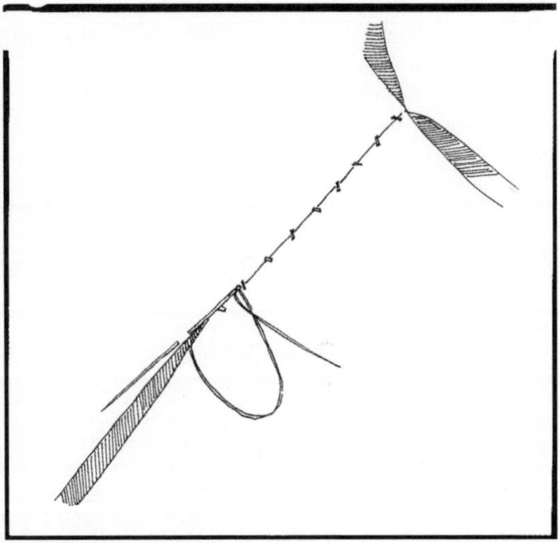

KREUZSTICH

Mit einem Kreuzstich befestigen Sie die Kanten eines Futterstoffes oder eines Belegs sicher und fest im Inneren eines Kleidungsstücks. In der Regel näht man den Kreuzstich mehrmals übereinander.

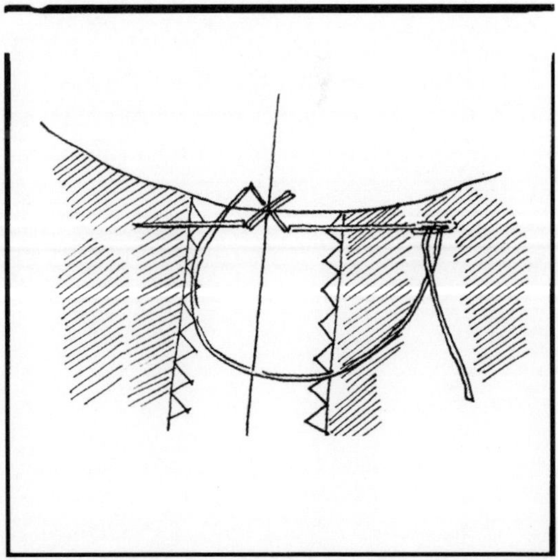

NÄHTE

Gut gearbeitete gerade Nähte machen das gelungene Kleidungsstück aus. So einfach sie scheinen mögen, so verlangen sie doch größte Aufmerksamkeit und Sorgfalt, damit sie sauber und professionell aussehen. Wellige Nähte mag niemand gerne. Ist Ihre erste Naht nicht gut gelungen, kann alles Nachfolgende nur zweitklassig werden. Wenn Sie die Anforderungen des Stoffs richtig einschätzen, die passende Fadenspannung und Stichlänge gefunden haben und sicher im Umgang mit der Nähmaschine sind, werden Sie bald stolz auf Ihre Nähte sein. Respektieren Sie die Eigenschaften des Stoffs und dehnen Sie ihn nicht, denn das wird man später sehen. Auch ist es wichtig, alle Nähte sorgfältig zu pressen. Rechnen Sie damit, genauso viel Zeit mit dem Pressen zu verbringen wie mit dem Nähen.

EINFACHE NÄHTE

1 Bevor Sie mit dem Nähen beginnen, vergewissern Sie sich, ob Sie die richtige Nadel für diesen Stoff gewählt haben. Zu dicke Nadeln zerren an den Gewebefäden, zu feine Nadeln können brechen.

2 Wählen Sie die passende Fadenfarbe. Wickeln Sie dafür ein Stück des Fadens von der Spule und legen Sie ihn auf den Stoff. So erkennen Sie, ob die Farbe passt.

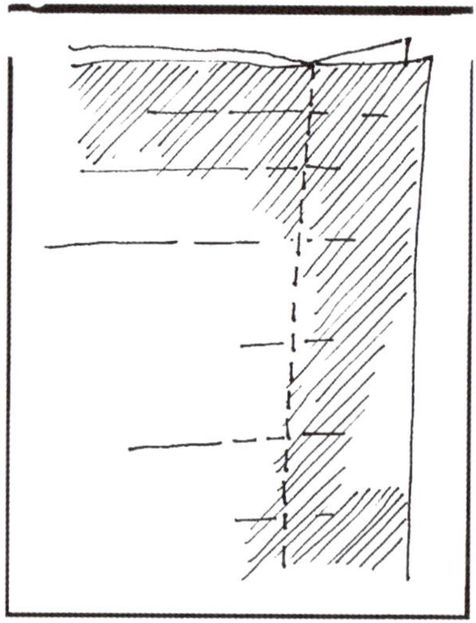

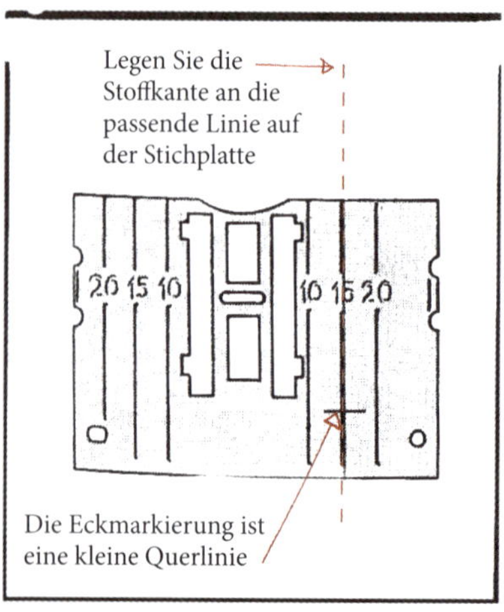

3 Die Stichplatte ist mit verschiedenen Führungslinien versehen. Die übliche Nahtzugabenbreite beträgt 1,5 cm.

TIPPS

→ Sehen Sie beim Nähen nicht auf die Nadelspitze. Achten Sie vielmehr auf die Stoffkante und auf die Führungslinie der Stichplatte.

→ Beginnen Sie nicht direkt an der Stoffkante zu nähen. Die Stoffkante kann in das Loch der Stichplatte hinuntergezogen werden. Das passiert besonders oft bei feinen Stoffen. Beginnen Sie einen Zentimeter weit innerhalb der Naht und nähen Sie dann rückwärts bis zur Stoffkante.

EINFACHE NÄHTE ARBEITEN

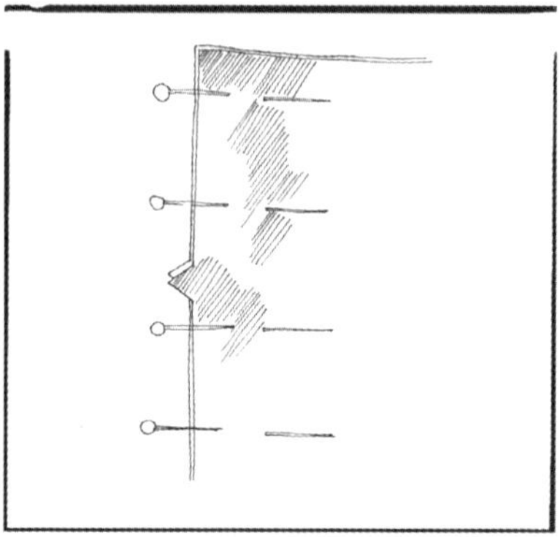

1 Legen Sie eventuell vorhandene Markierungskerben passgenau aufeinander und setzen Sie die Stecknadeln quer zur Naht. Die Stecknadelköpfe liegen außerhalb der Stoffkante.

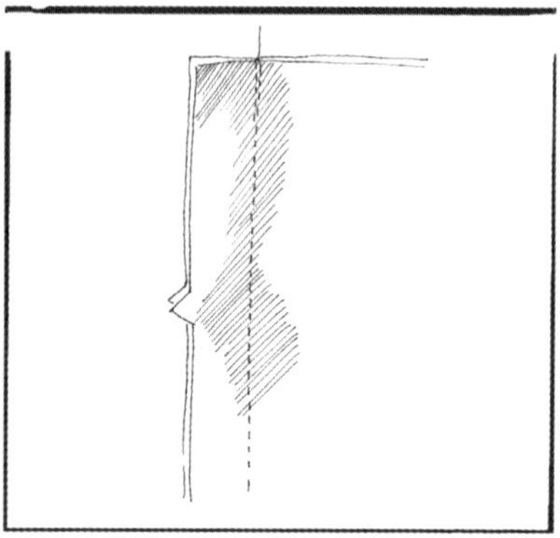

2 Nähfuß anheben, Stoff etwa 1 cm weit unter Nähfuß und Nadel schieben und die Stoffkante entlang einer der Führungslinien ausrichten. Nähfuß senken und einige Millimeter weit nach vorne nähen und wieder zurück, um zu sichern. Unter Beachtung der Führungslinie die Naht zu Ende nähen und dabei die Stecknadeln nach und nach entfernen. Wieder mit Rückstich sichern.

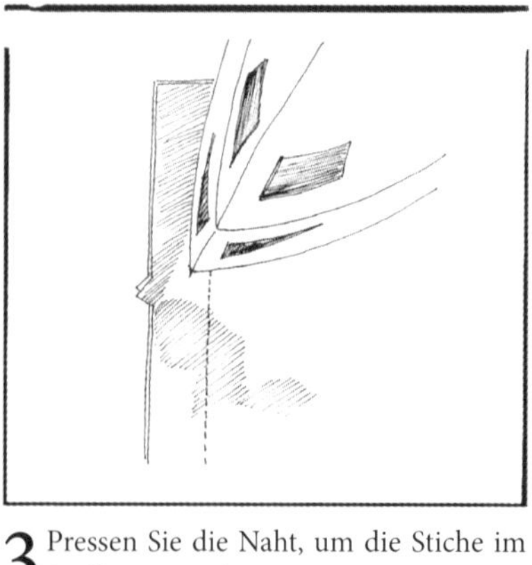

3 Pressen Sie die Naht, um die Stiche im Stoff zu versenken.

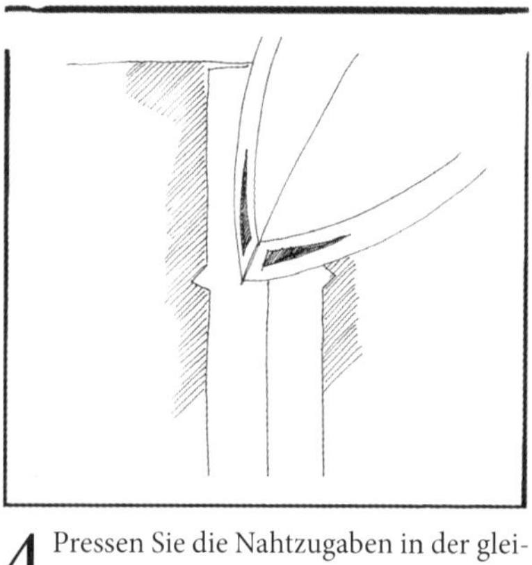

4 Pressen Sie die Nahtzugaben in der gleichen Richtung auseinander, in der die Naht genäht wurde.

UM DIE ECKE NÄHEN

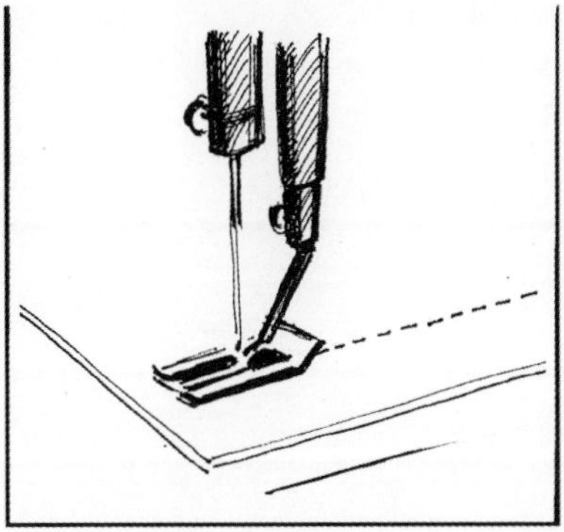

1 Die Stoffkante liegt entlang der Führungslinien der Stichplatte. Nähen Sie bis zur Eckmarkierung. Lassen Sie die Nadel im Stoff versenkt.

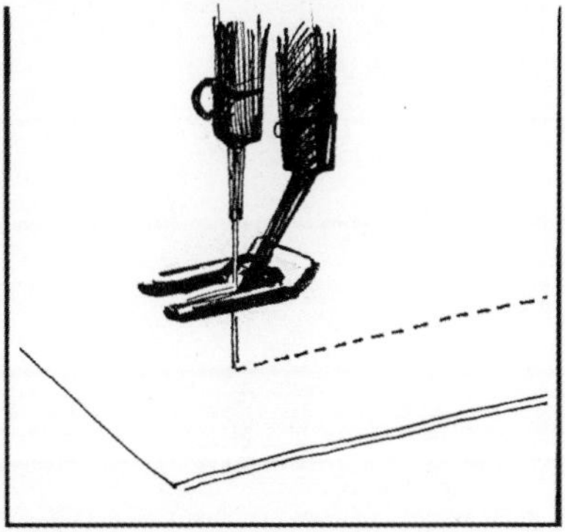

2 Während die Nadel im Stoff steckt, heben Sie das Nähfüßchen an.

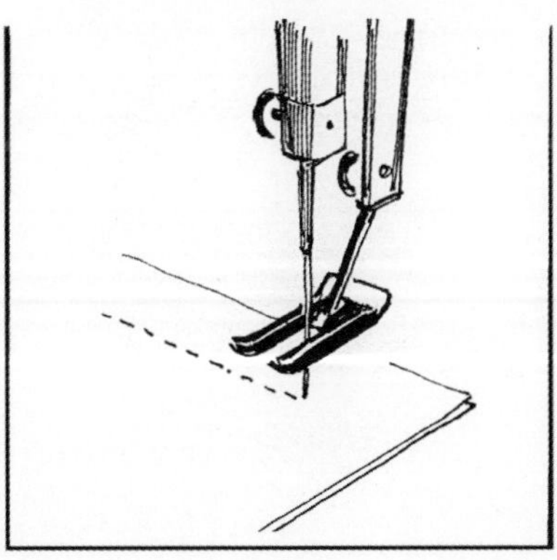

3 Drehen Sie den Stoff in die gewünschte Richtung, die Stoffkante muss wieder entlang der gleichen Führungslinie auf der Stichplatte laufen.

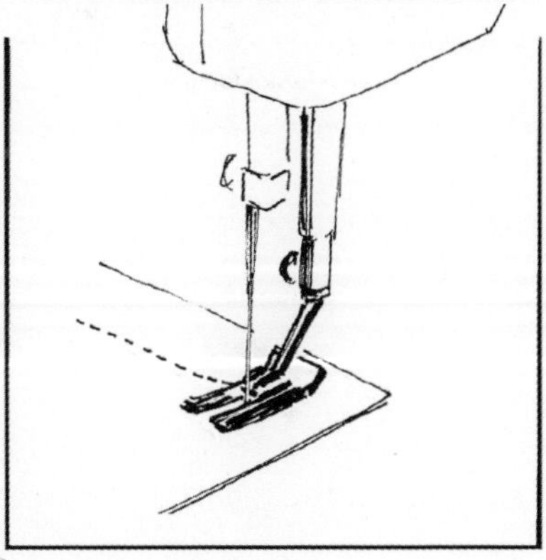

4 Senken Sie den Nähfuß und nähen Sie weiter auf der Nählinie.

EINE KURVE NÄHEN

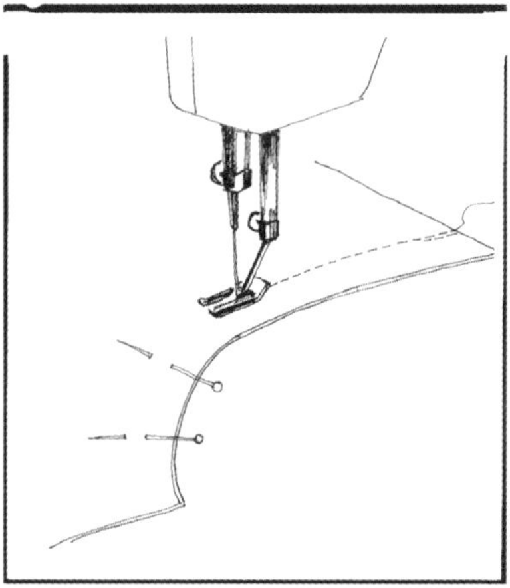

Das Nähen einer Kurve verlangt besondere Sorgfalt, damit die Nahtzugabe entlang der gebogenen Kante gleichmäßig breit bleibt.

Während des Nähens kann es passieren, dass die Linien der Stichplatte vom Stoff verdeckt werden und nur direkt neben dem Nähfüßchen sichtbar sind. Stellen Sie einen kurzen Stich ein und nähen Sie langsam.

WENN SICH NÄHTE KREUZEN

Wenn sich zwei Nähte kreuzen, z.B. an einer Taillennaht, müssen diese ganz exakt zusammentreffen. Lassen Sie sich dabei Zeit und legen Sie die Nähte passgenau aufeinander, bevor Sie zu nähen beginnen.

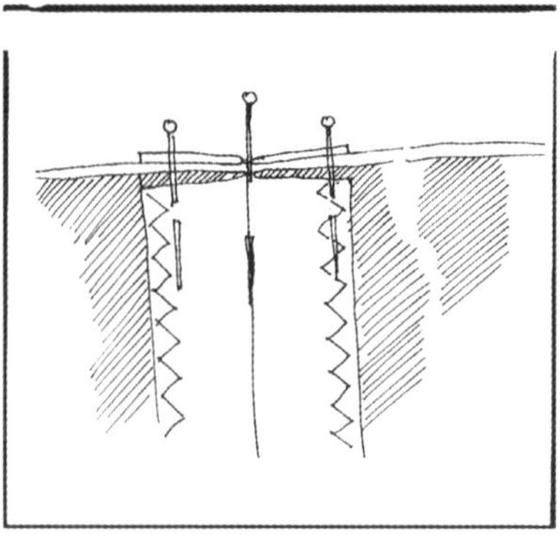

Legen Sie beide Nahtlinien exakt aufeinander. Stecken Sie eine Nadel direkt durch beide Nähte. Dann stecken Sie die Nahtzugaben flach auseinander.

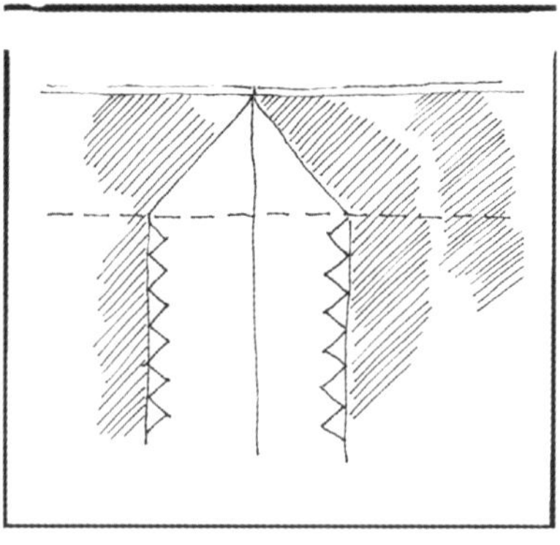

Schneiden Sie die Ecken der Nahtzugaben ab. Das vermeidet Beulen an der Naht.

NAHTZUGABEN ANGLEICHEN

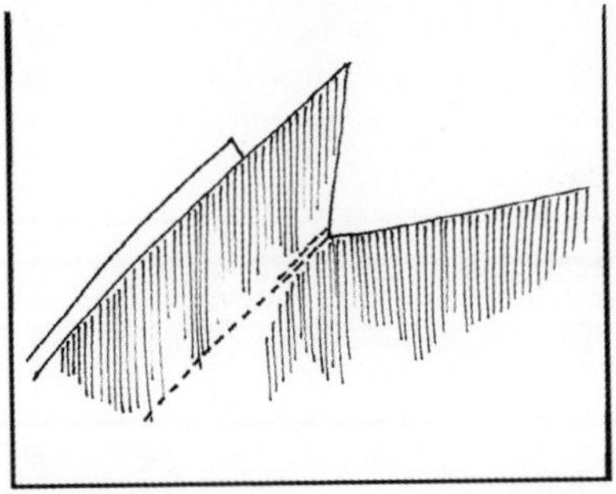

Nahzugaben können an der Stoffkante im spitzen Winkel abgeschnitten werden. Sobald man die Nahtzugabe auseinanderpresst, schließt sie mit der Kante des Kleidungsstücks ab.

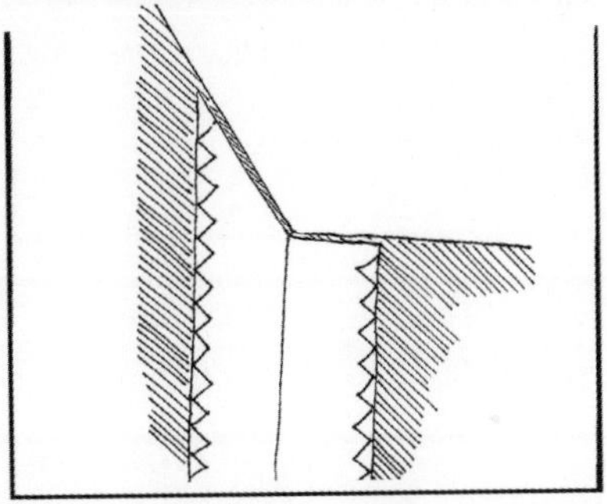

Schneiden Sie die Enden der Nahtzugabe parallel zur Stoffkante ab.

UNTERNÄHEN

Das Unternähen ist eine wichtige Technik, damit ein Futterstoff sicher im Kleidungsstück befestigt ist. Sie wenden diese Technik beim Füttern von Halsausschnitten und bei Armlochbesätzen an.

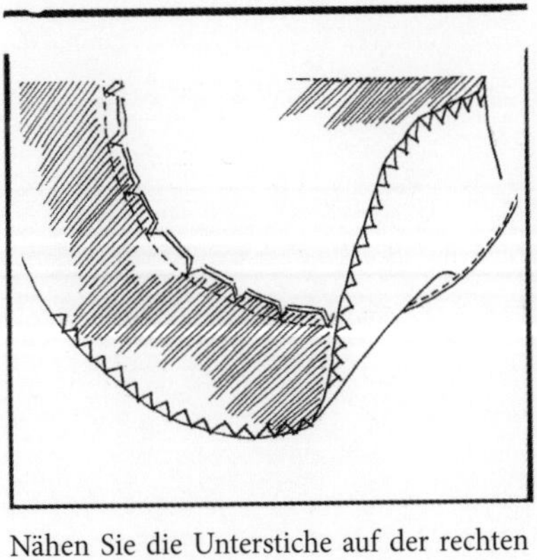

Nähen Sie die Unterstiche auf der rechten Stoffseite des Futters, dicht neben der Naht.

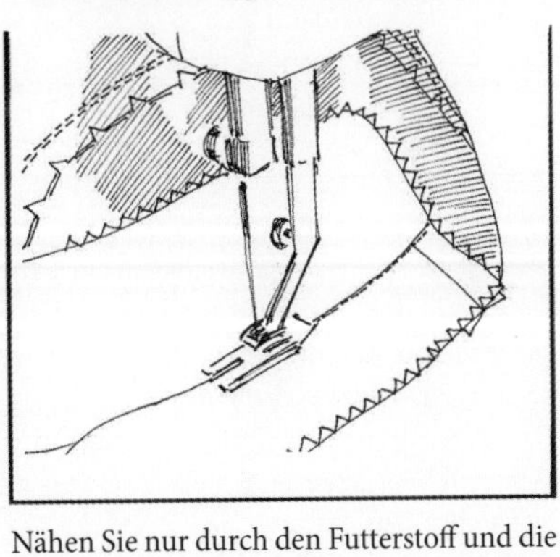

Nähen Sie nur durch den Futterstoff und die Nahtzugabe, nicht auf die rechte Stoffseite des Kleidungsstücks hindurch.

NAHTZUGABEN VERSÄUBERN

ZICKZACKSTICH

Das Versäubern von Stoffkanten mit Zickzackstich ist sehr verbreitet. Die meisten Nähmaschinen haben diese Funktion.

Eine versäuberte Kante franst nicht mehr aus, was für die Langlebigkeit eines Kleidungsstücks von Bedeutung ist.

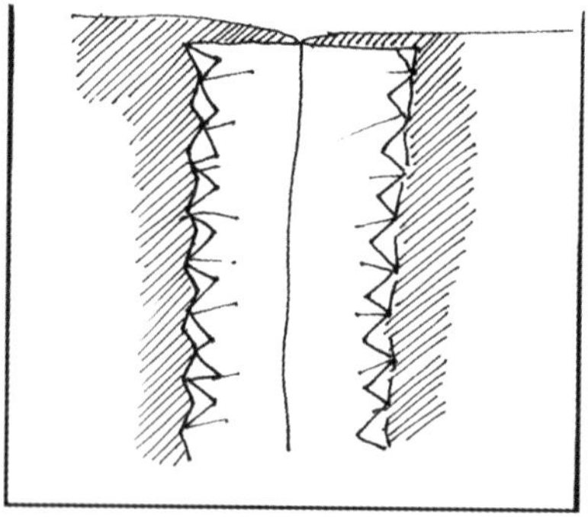

Die Nahtzugaben von geraden, einfachen Nähten werden versäubert, nachdem die Naht auseinandergepresst wurde. Kurven oder Ecken werden sofort nach dem Nähen versäubert und dann erst eingeschnitten oder mit den nötigen Kerben versehen.

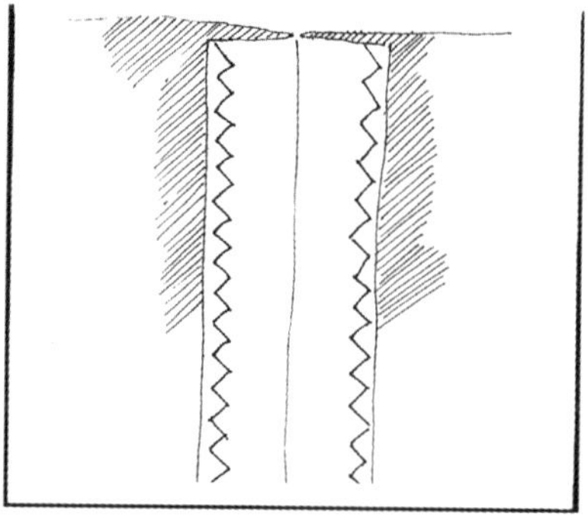

Stellen Sie den Zickzackstich auf eine mittlere Breite und Länge ein. Nähen Sie dicht innerhalb der Stoffkante. Arbeiten Sie nicht über die Stoffkante hinaus, denn das kann den Stoff verziehen oder Falten bilden. Diese Art der Versäuberung eignet sich für die meisten Stoffarten, auch für Strickstoffe.

ZACKENKANTE

Mit einer Zackenschere können Sie eine Stoffkante schnell und leicht versäubern. Die Methode eignet sich aber nur für dicht gewebte Stoffe mittlerer bis leichter Qualität, wie z.B. Baumwollstoffe.

Benutzen Sie den mittleren Bereich der Scherenklinge. Passen Sie die Zacken des nachfolgenden Schnitts an die zuvor geschnittenen Zacken an, damit die Kante sauber und ordentlich aussieht.

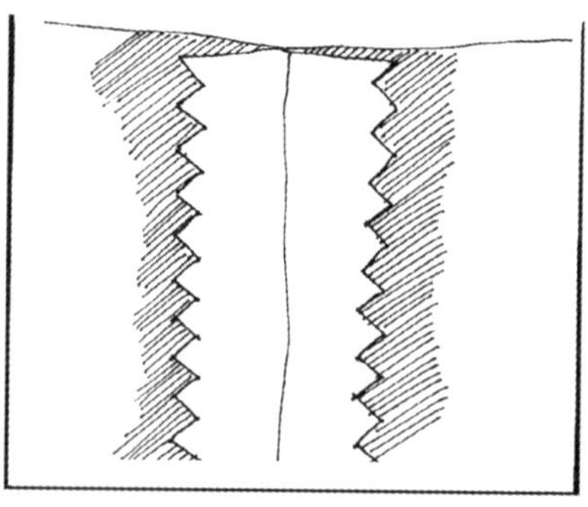

STEPPSTICHE

Das Steppen erfolgt auf der rechten Stoffseite, nachdem die Nähte fertig und versäubert sind, und bevor ein genähtes Stoffteil an das nächste angesetzt wird.

Testen Sie, ob die Steppstiche gut aussehen. Es könnte sein, dass sich manche Wollstoffe, Strukturstoffe oder Stoffe mit Strich nicht für Steppnähte eignen. Prüfen Sie vor Arbeitsbeginn, ob die Unterfadenspule voll ist, damit es beim Nähen keine Unterbrechung gibt. Vermeiden Sie Stellen unter denen keine Nahtzugabe liegt.

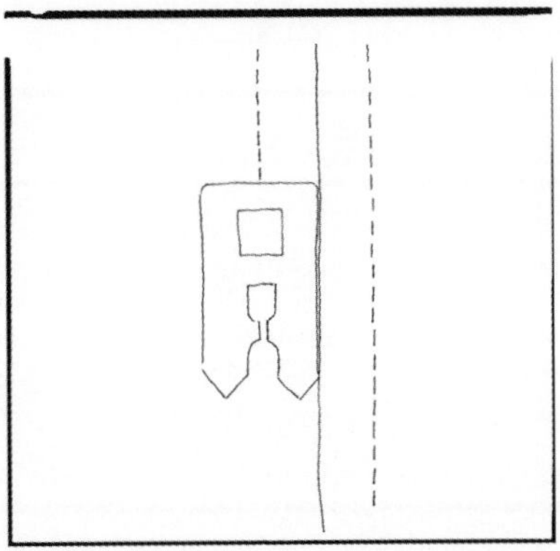

Beim Steppen sind die Markierungen der Stichplatte nicht zu sehen. Verwenden Sie daher die Kante des Nähfußes als Führung, um ganz gerade zu nähen. Setzen Sie die Nähfußkante parallel zur Naht.

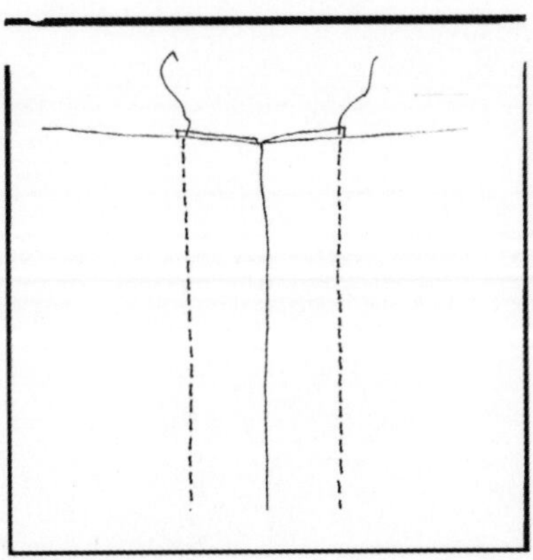

Steppnähte können links und rechts einer Naht verlaufen, durch die jeweiligen Nahtzugaben hindurch.

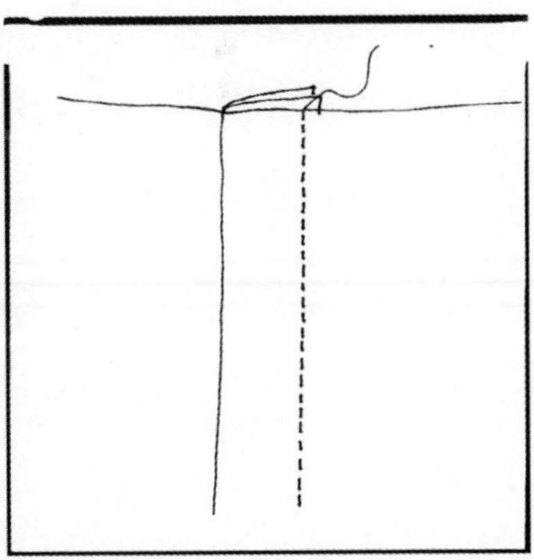

Eine Steppnaht an einer Seite einer Naht wird durch beide Nahtzugaben gearbeitet.

NAHTZUGABEN TRIMMEN

Getrimmte Nahtzugaben machen viel aus. Sie sind ein wichtiger Arbeitsschritt, der ein Kleidungsstück erst richtig gut aussehen lässt. Zu wissen wo und wie eine Nahtzugabe getrimmt wird hilft, dass alle Nähte perfekt sitzen. Achten Sie also darauf, wann und wie Sie eine getrimmte Naht pressen. Erst wenn alle Nahtzugaben in die richtige Richtung gelegt sind, wirkt das Kleidungsstück professionell. Es gibt vier Methoden, dicke Nähte zu vermeiden: das Zurückschneiden, das einseitige Zurückschneiden, das Einschneiden und das Ausschneiden von kleinen Kerben.

ZURÜCKSCHNEIDEN

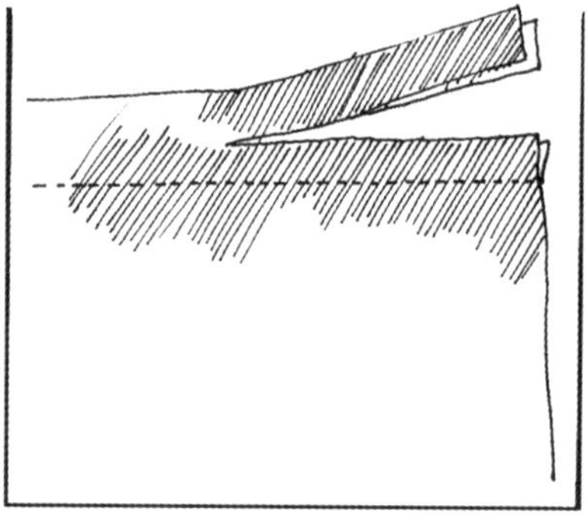

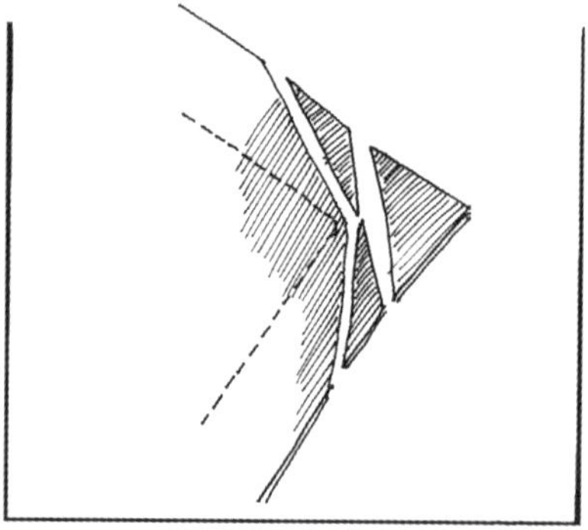

Schneiden Sie Nahtzugaben immer dann zurück, wenn die normal breite Nahtzugabe beim weiteren Arbeiten im Weg sein kann. Zum Beispiel unter dem Arm oder in einer Doppelnaht. Schneiden Sie in diesen Fällen beide Kanten der Nahtzugaben schmaler.

Besonders an Spitzen und Ecken einer gewendeten Form, wie z.B. an Taschen oder Kragen werden die Nahtzugaben schmaler geschnitten, damit nach dem Wenden keine dicke Stelle entsteht.

EINSEITIG ZURÜCKSCHNEIDEN

Das Übereinanderlegen von unterschiedlich breit geschnittenen Nahtzugaben vermeidet dicke Nähte, wie z.B. bei der Einlage in einem Kragen. Die breitere Nahtzugabe sollte dabei zur Vorderseite des Kleidungsstücks weisen, die schmaler geschnittene Nahtzugabe sollte innen liegen. Eine einseitig zurückgeschnittene Naht wirkt flach und trägt weniger auf.

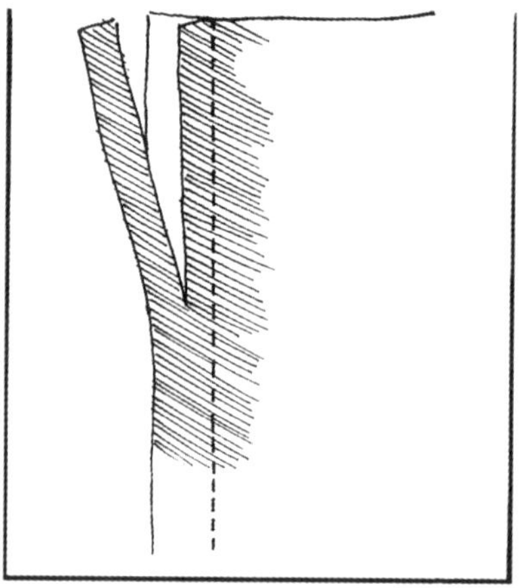

EINSCHNEIDEN

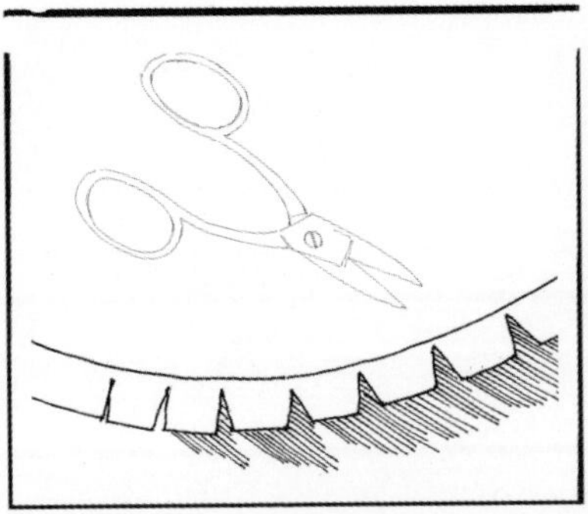

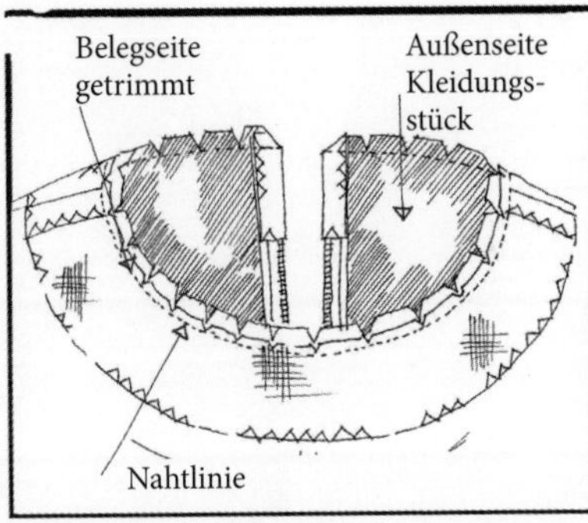

Sobald eine Nahtzugabe gedehnt wird, muss sie eingeschnitten werden. Dies ist z.B. bei einem runden Kragen der Fall.

Beispiel Einschneiden: runder Halsausschnitt Die Nahtzugaben werden zuerst einseitig zurückgeschnitten und dann eingeschnitten. Die breite Nahtzugabe muss auf der Seite des Kleidungsstückes liegen.

KERBEN AUSSCHNEIDEN

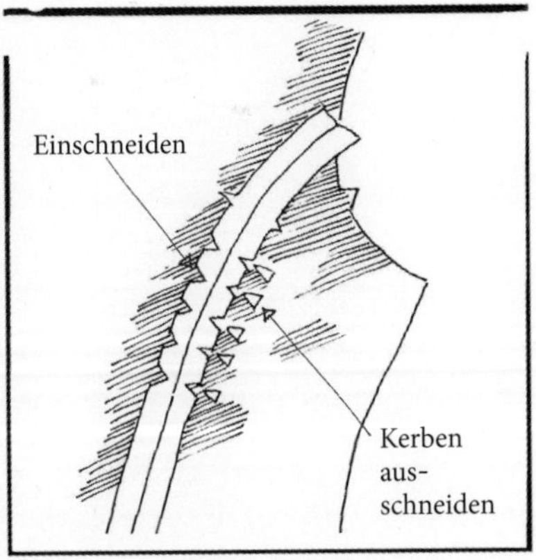

Kerben werden immer dann herausgeschnitten, wenn die Nahtzugabe weiter ist als das Kleidungsstück. Wenn die andere Stoffseite nach außen gebogen wird, muss die Nahtzugabe Kerben haben, damit sie keine Wellen wirft.

Beispiel: die Prinzessnaht
Beim Einschneiden kann sich die Nahtzugabe ausbreiten. Sind Kerben ausgeschnitten, legt sich die Nahtzugabe ohne Wellenbildung glatt.

ECKEN NÄHEN

Für eine perfekte Ecke, wie z.B. an einem Kragen oder einem Kissen, ist eine stumpfe Ecknaht zu empfehlen. Das bedeutet, dass Sie an der Ecke nicht sofort wenden und in die nächste Richtung weiternähen, sondern dass Sie einen Querstich über die Ecke machen. Vielleicht benötigen Sie sogar mehrere Stiche, je nach der Stärke des Stoffes.

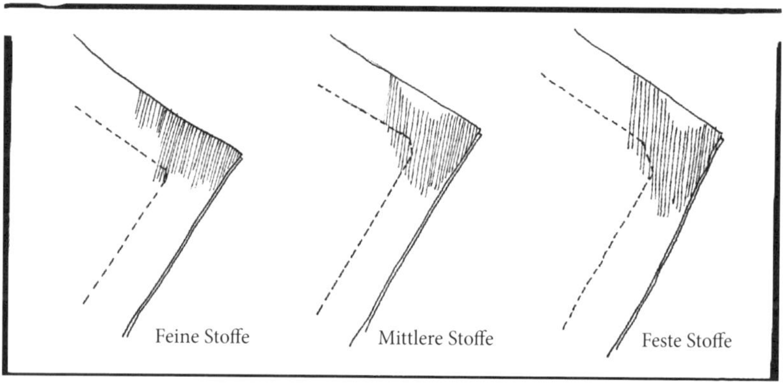

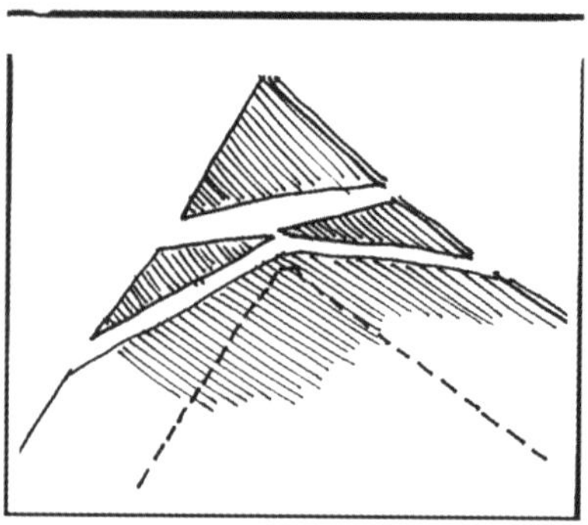

Hier wird die Nahtzugabe zurückgeschnitten, damit sie weniger aufträgt.

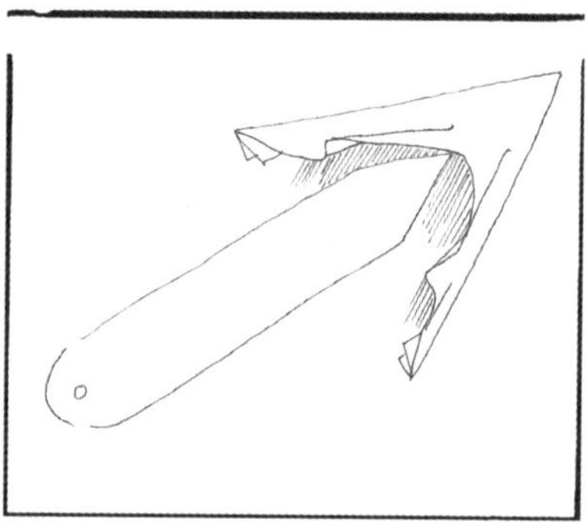

Alle Ecken sorgfältig mit einem Eckenwender (siehe Seite 25) und sanften Bewegungen herausdrücken. Verwenden Sie keine Schere, die Spitze kann allzu leicht ein Loch in den Stoff bohren.

EINGESETZTE ECKE

Bei einer mit einfacher Naht eingesetzten Ecke muss die Nahtzugabe eingeschnitten werden, damit sie auseinandergespreizt werden kann. Die eingeschnittene Ecke ist eine Schwachstelle, daher ist zweimaliges Darübernähen empfehlenswert.

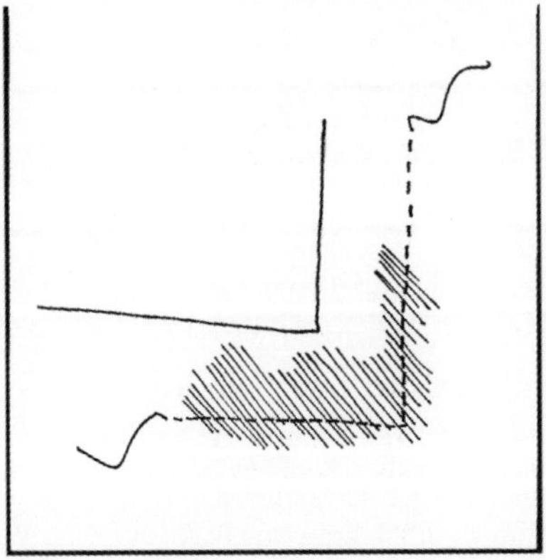

1 Zuerst nähen Sie direkt innerhalb der Naht noch einmal entlang und verstärken damit die Naht der Ecke.

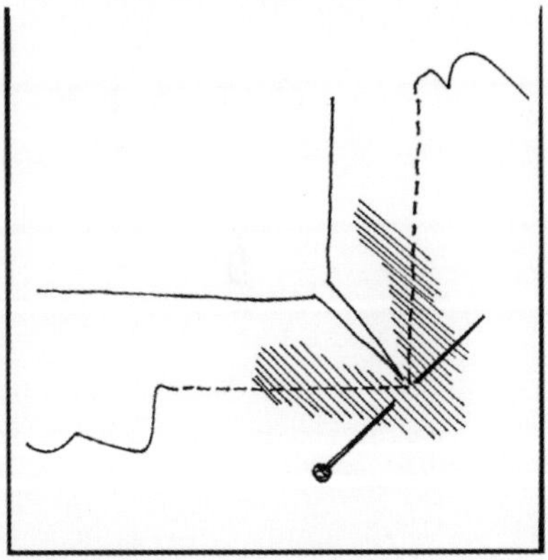

2 Schneiden Sie die Nahtzugabe in der Ecke ein, bis dicht an die Naht heran, doch ohne sie zu verletzen.

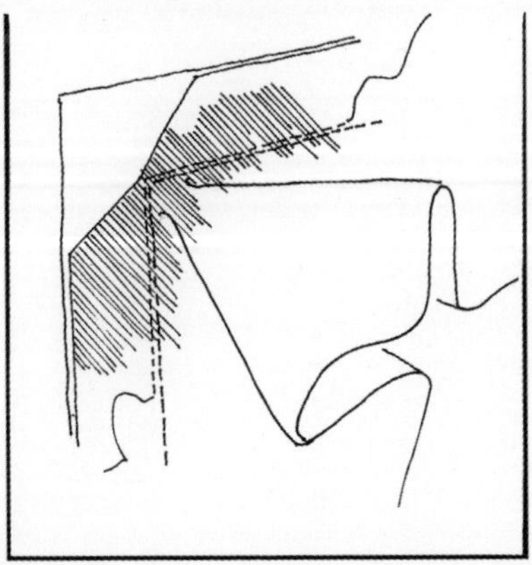

3 Spreizen Sie die Nahtzugabe, stecken Sie das Stoffstück entlang der nächsten Nählinie. Die abgeschnittene Nahtzugabe weist nach oben.

EINLAGEN

Viele Schnitte verlangen eine Einlage. Dies ist meist eine aufbügelbare Verstärkung, die mit einer Klebeschicht versehen ist (Vlieseline®). Man benötigt sie immer dann, wenn ein Bereich besonders in Form bleiben muss, wie z. B. Kragen, Halsausschnitt, Ärmelbündchen und Rockbund. Sie dienen auch der Verstärkung von Taschen, Knopfannähstellen und Knopflöchern. Eine Einlage wird immer auf die linke Stoffseite oder auf den Futterstoff gebügelt, niemals auf die Oberseite des Kleidungsstücks.

WAHL DER EINLAGE

Es gibt Einlagen in verschiedenen Stärken und Materialien für jede mögliche Art von Stoff. Das macht die Auswahl nicht gerade einfach. Entscheiden Sie sich eher für eine dünnere Einlage als für eine zu dicke, denn durch das Aufbügeln schmilzt die Klebeschicht und macht das Ganze steifer. Kaufen Sie nach Möglichkeit Stoff und Einlage gleichzeitig und lassen Sie sich im Geschäft beraten.

Einlagenmaterial kann gewebt oder gestrickt sein oder aus Vlies bestehen. Gewebtes und gestricktes Material sollte in der gleichen Richtung zugeschnitten werden wie die Teile aus Stoff. Vlieseinlagen können Sie in jegliche Richtung zuschneiden. Auf den Papierschnitten ist eine Einlage mit einem Symbol besonders gekennzeichnet.

Vlieseinlage

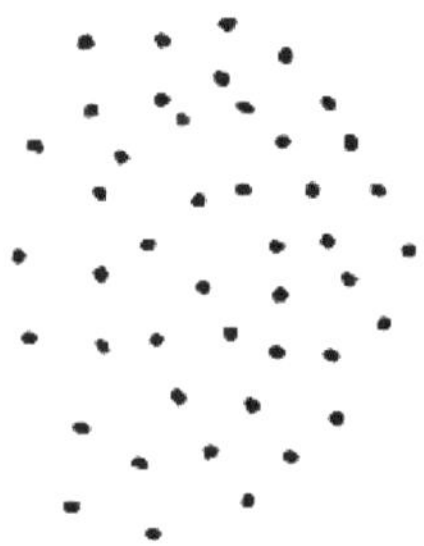

Webeinlage

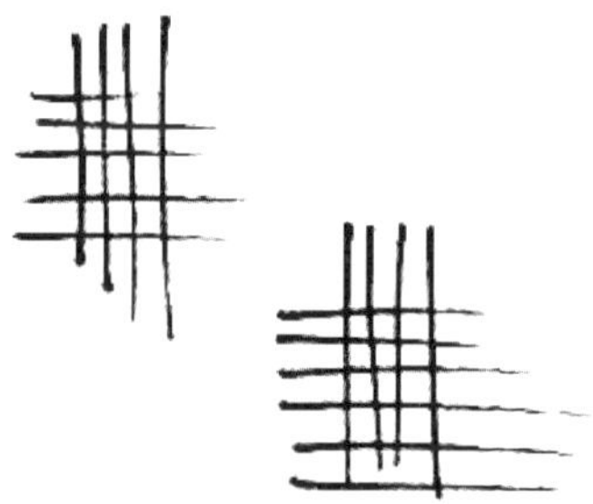

Welche Einlage passt zu welchem Stoff?

Stoffstärke	**Stärke der Einlage**
Leichte und gestrickte Stoffe	Durchsichtige und hauchdünne Einlage
Kleiderstoffe	Leichte Einlage
Anzugstoffe, mittlere und schwere Stoffe	Mitteldicke Einlage
Taschen und Heimtextilien	Sehr starke Einlage

AUFBÜGELBARE EINLAGE

1 Legen Sie die Klebeseite auf die linke Stoffseite. Tipp: Es ist ratsam, auf das zugeschnittene Stoffteil und die Einlage auch den Papierschnitt aufzulegen, um zu prüfen, ob sich nichts verzogen hat.

2 Bügeln Sie mit mittlerer Temperatur und trocken. Tipp: So eine Einlage ist empfindlich und kann leicht schmelzen. Legen Sie bei sehr feinen Stoffen ein Bügeltuch auf.

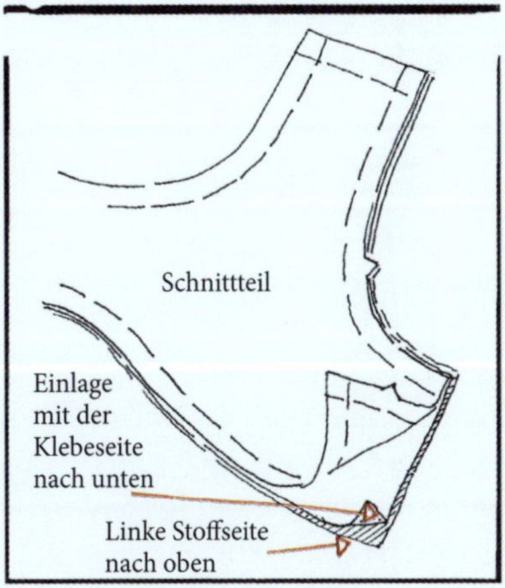

3 Halten Sie das Bügeleisen etwa 15 Sekunden darauf. Dann heben Sie es an und stellen Sie es an die nächste Stelle. Wiederholen Sie dies, bis die ganze Fläche fest verbunden ist. Tipp: Schieben Sie das Bügeleisen nicht hin und her, sondern pressen Sie, wie ab Seite 48 beschrieben. Der Stoff könnte sich andernfalls leicht verziehen.

Bügeln Sie kleine Einlage-Quadrate als Verstärkung hinter Ösen und Knopflöcher.

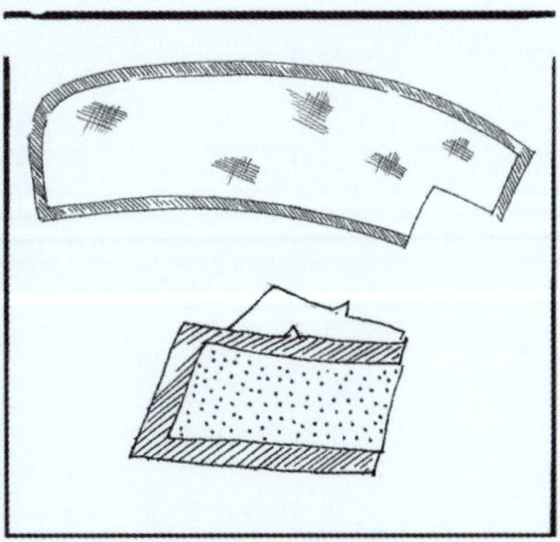

Schneiden Sie die Einlage an der Nahtzugabe zurück, damit sie weniger aufträgt.

ABNÄHER

Hätten wir komplett flache Körper, würde ein Kleidungsstück auch ganz ohne Abnäher sitzen. Abnäher geben einem Kleidungsstück Kontur und Rundungen, so wie es der Form unseres Körpers entspricht. Ein Abnäher ist nichts anderes als eine genähte Stofffalte, die nach vorne zu einer Spitze ausläuft. Am Schnittmuster sind Abnäher als flaches, nach außen gerichtetes Dreieck in der Nahtzugabe eingezeichnet. Richtig genäht und gebügelt lässt sich der Abnäher mit in die Naht fassen. Achten Sie also beim Ausschneiden auf diese Markierungen.

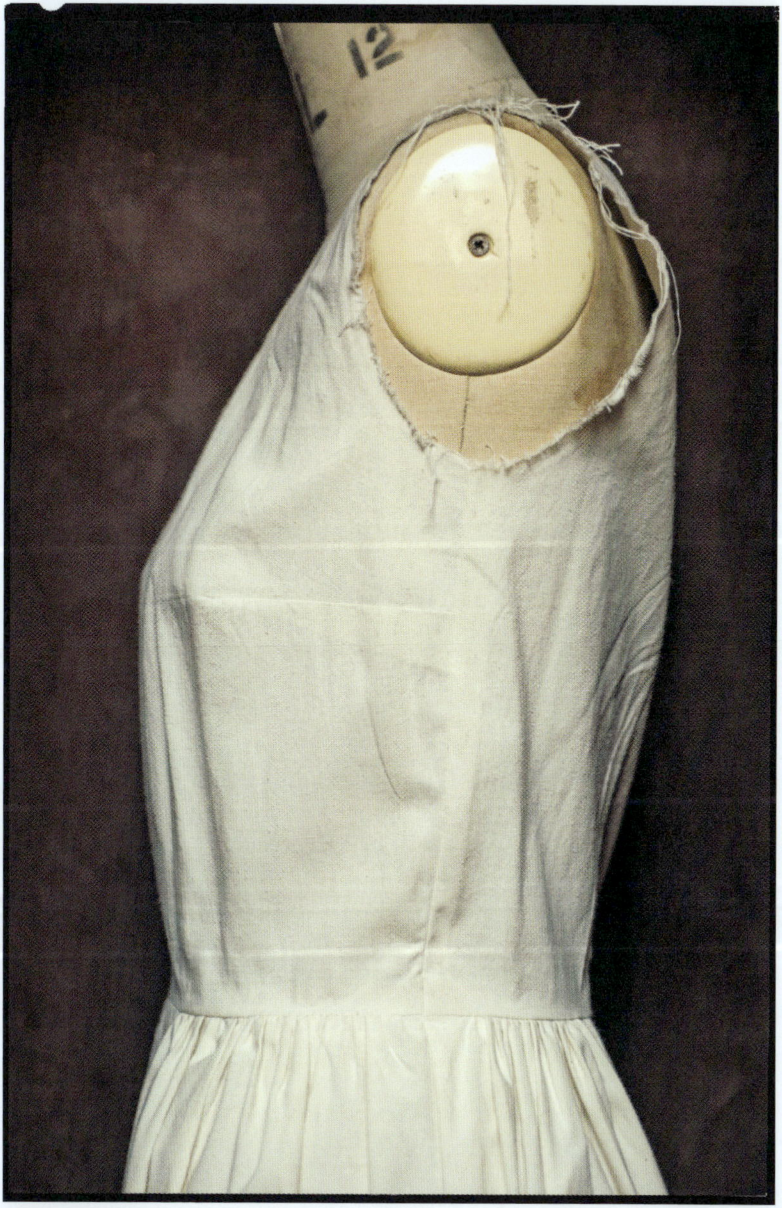
12

KURZE ABNÄHER

Abnäher werden in der Regel zur vorderen oder rückwärtigen Mitte hin gepresst, oder aber nach unten in Richtung Taille, wie unten abgebildet.

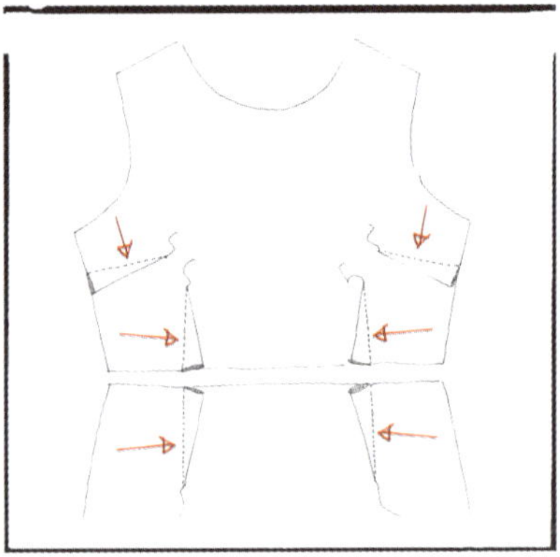

KURZE ABNÄHER NÄHEN

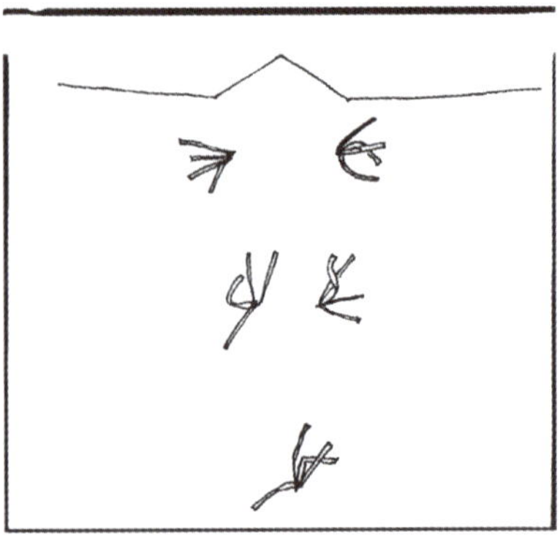

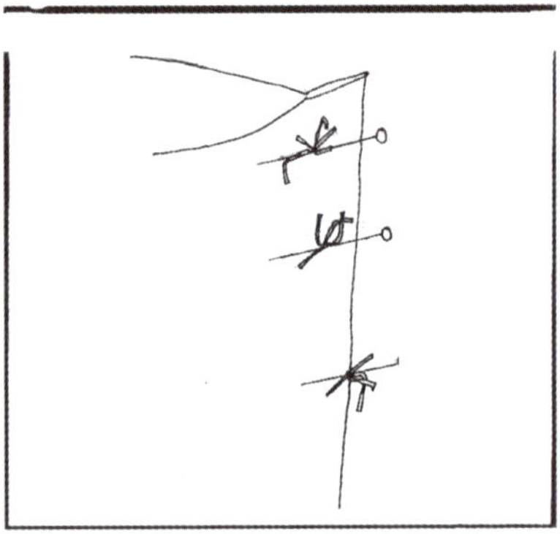

1 Bevor Sie das Schnittmusterpapier vom Stoff nehmen, müssen Sie den Abnäher mit Schneiderschlaufen auf der linken Stoffseite markieren.

2 Falten Sie den Abnäher rechts auf rechts, sodass die Schneiderschlaufen genau aufeinanderliegen. Zeichnen Sie die Nahtlinie mit Schneiderkreide auf oder heften Sie dort entlang.

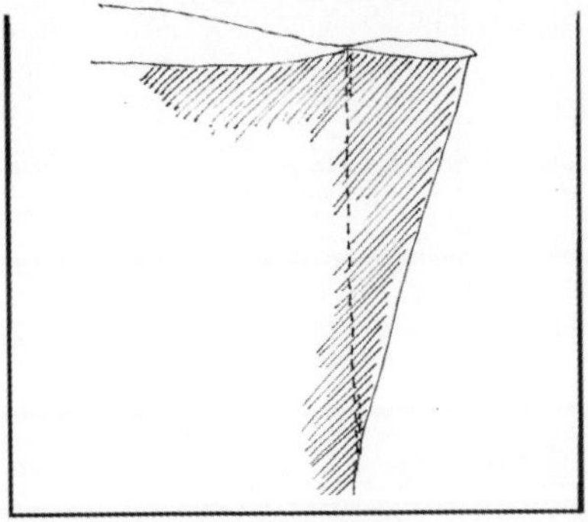

3 Beginnen Sie an der Außenkante und nähen Sie bis zur Spitze des Abnähers. Arbeiten Sie am Anfang der Naht und an der Spitze einige Rückstiche und bleiben Sie unbedingt innerhalb der Nahtlinie.

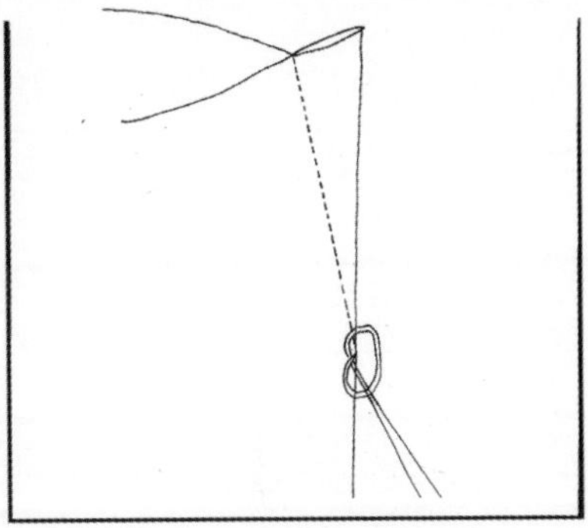

4 Bei feinen Stoffen lassen Sie an der Spitze des Abnähers die Nähfäden hängen und machen Sie einen Knoten. Den Knoten nicht zu fest anziehen, damit die Stiche nicht gezogen werden. Entfernen Sie die Heftfäden oder die Fäden der Schneiderschlaufen.

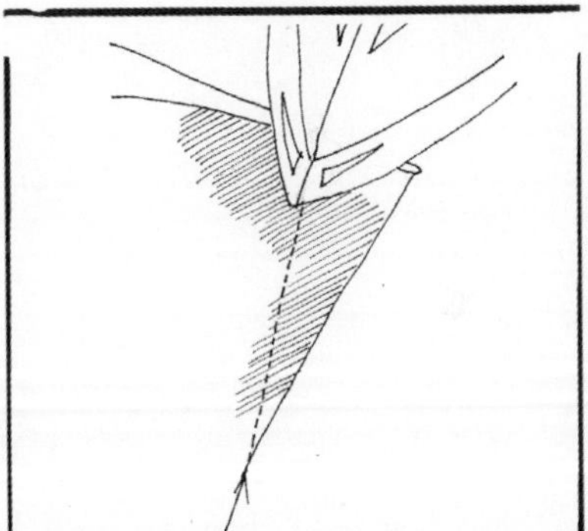

5 Pressen Sie zuerst die Naht von jeder Seite des Abnähers. Benutzen Sie ein Bügeltuch. Dann erst pressen Sie den Abnäher von der Vorderseite her.

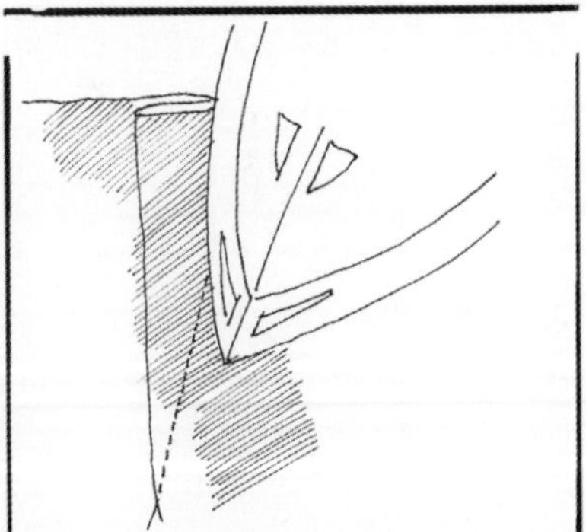

6 Pressen Sie nur die Naht, damit sich der Abnäher nicht auf die rechte Stoffseite durchdrückt.

TAILLENABNÄHER

Dies sind lange Abnäher, die in der Mitte breiter sind und an beiden Enden in einer Spitze auslaufen. Sie werden immer senkrecht zur Taille genäht und dienen dazu, Büste, Taille und Hüfte zu betonen.

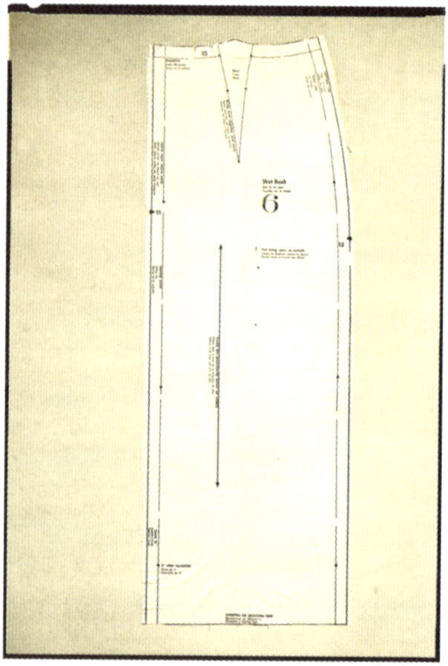

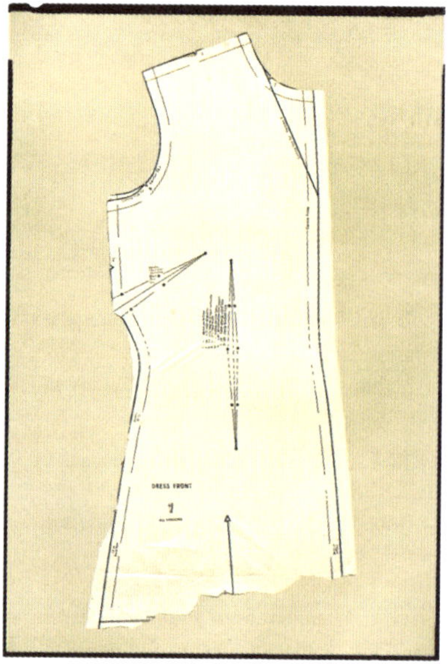

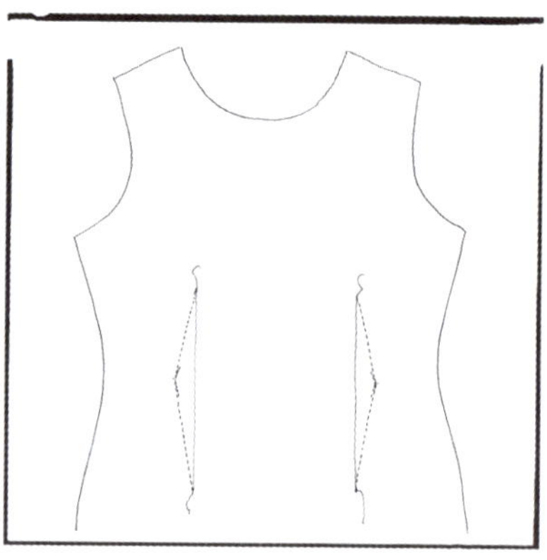

TAILLENABNÄHER NÄHEN

1 Bevor Sie das Schnittmusterpapier vom Stoff nehmen, müssen Sie den Abnäher mit Schneiderschlaufen auf die linke Stoffseite übertragen.

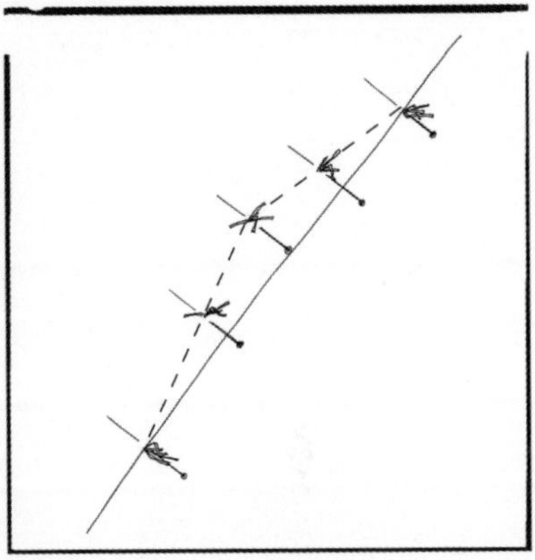

2 Falten Sie den Abnäher rechts auf rechts, sodass die Schneiderschlaufen genau aufeinanderliegen. Stecken Sie den Abnäher mit Nadeln oder heften Sie an der Nahtlinie entlang.

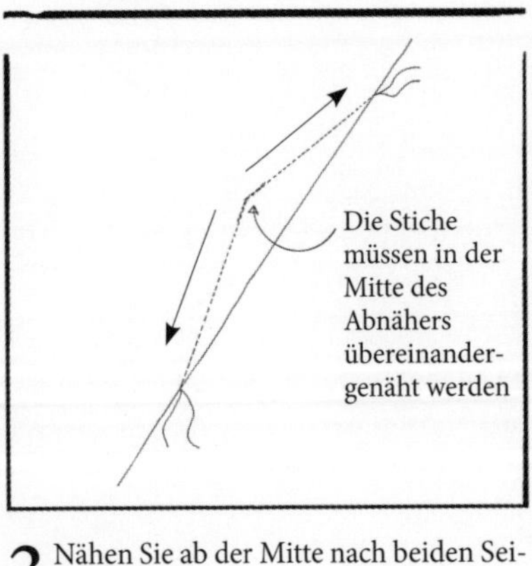

3 Nähen Sie ab der Mitte nach beiden Seiten hin.

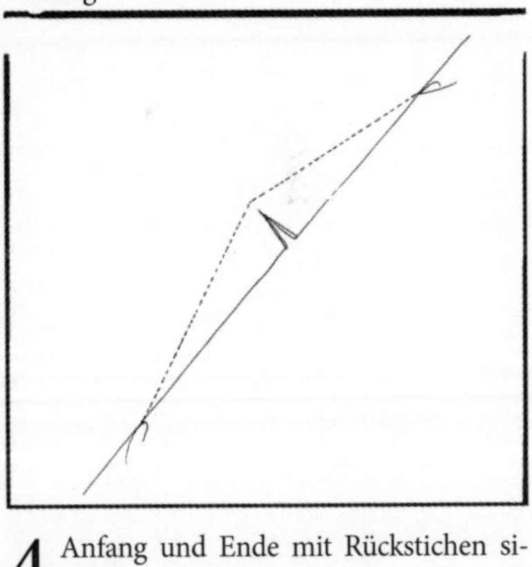

4 Anfang und Ende mit Rückstichen sichern. Bei feineren Stoffen enden Sie mit einem Knoten wie beim kurzen Abnäher. Heftfäden entfernen. Schneiden Sie die Mitte des Abnähers senkrecht bis 3 mm an die Naht heran ein, damit sich der Abnäher weich formt. Pressen Sie wie beim kurzen Abnäher.

ÄRMEL

Wir denken immer, das untere Ende eines Ärmels sei das Schwierigste, doch in Wirklichkeit ist es die Armkugel. Es gibt drei hauptsächliche Ärmeltypen. Jeder sieht anders aus und jeder wird folglich anders eingenäht.

Eingesetzte Ärmel kommen am häufigsten vor. Sie sind so zugeschnitten, dass sie an der Schulter sitzen. Sie wirken elegant und chic.

Bei Raglanärmeln verläuft die Naht schräg in Richtung Halsausschnitt. Sie können eng oder locker geschnitten sein. Sie sehen bequem aus und sind es auch, weil sie eine große Bewegungsfreiheit erlauben.

Hemdärmel sehen lässig aus, denn oft ragt die Ärmelnaht ein Stück weit über den Oberarm. Diese Ärmel sitzen immer locker.

Wir erklären auch, wie man an einem ärmellosen Kleidungsstück das Armloch versäubert.

EINGESETZTE ÄRMEL

Ein eingesetzter Ärmel hat entlang der Armkugel etwas Weite. Man spricht vom eingesetzten Ärmel, weil Schulter- und Seitennähte des Kleidungsstücks bereits zusammengenäht und die Nahtzugaben auseinandergepresst und versäubert worden sind. Achten sie darauf, dass sich beim Einnähen keine Falten schieben. Eine Weite ist am einfachsten bei locker gewebten Stoffen zu erreichen, wie z.B. Wolle oder Leinen, denn man kann die Gewebefäden gut zusammenschieben. Dicht gewebte Stoffe, wie z.B. Jeansstoff, sind da schon kniffliger zu nähen.

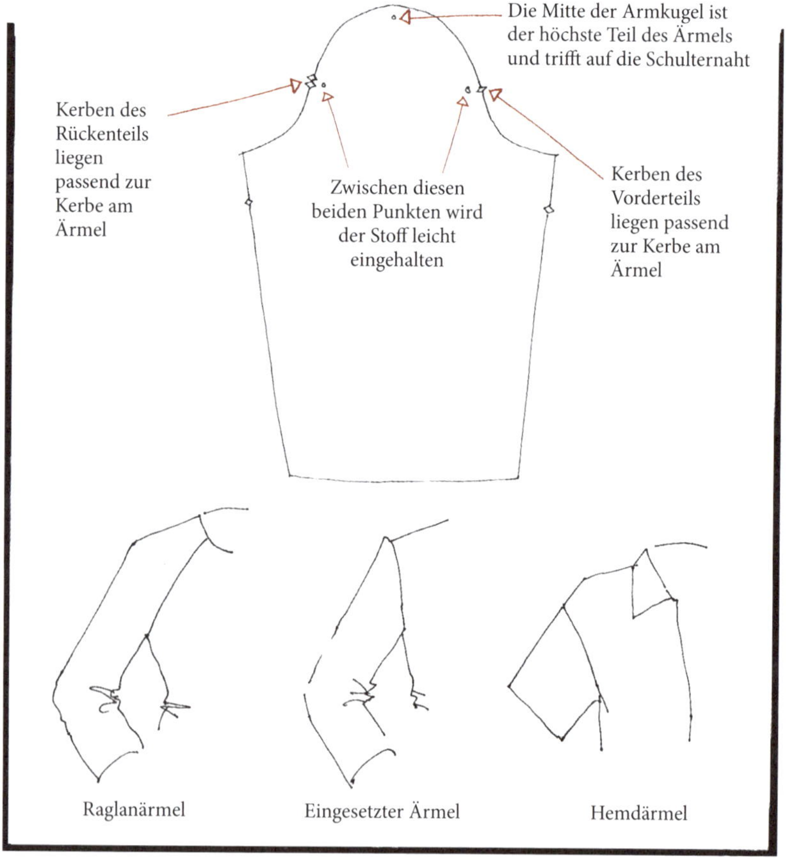

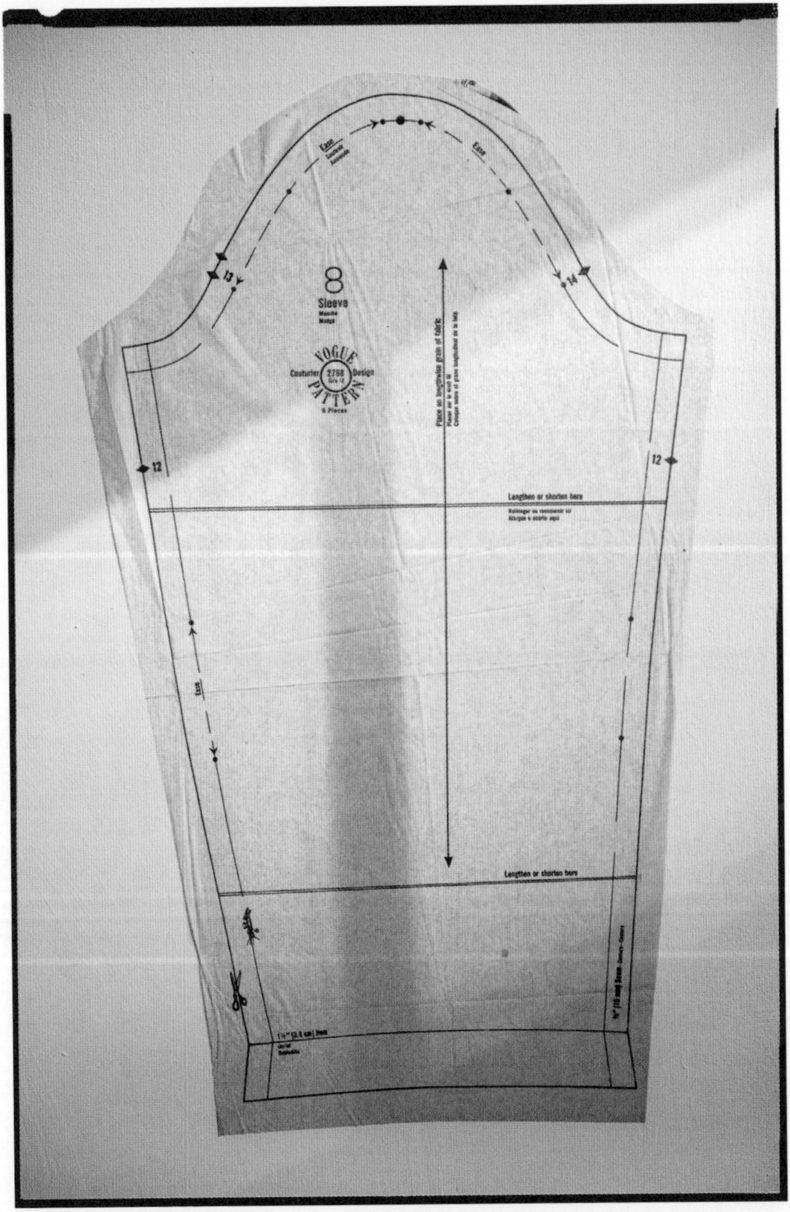
Ease
Ease
13
14
8
Sleeve
VOGUE PATTERN
Couturier
Design
2788
Place on lengthwise grain of fabric
12
12
Lengthen or shorten here
Lengthen or shorten here
Ease

EINEN ÄRMEL EINSETZEN

1 Schneiden Sie beide Ärmel zu, den rechten und den linken. Schließen Sie die Unterarmnaht an beiden Ärmeln.

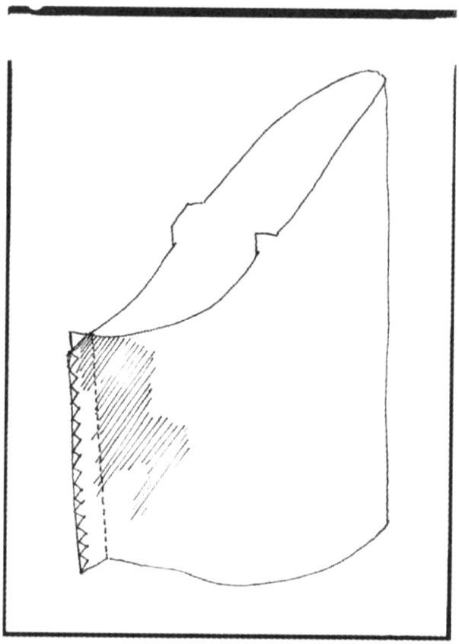

2 Stellen Sie an Ihrer Nähmaschine den längsten Stich ein. Nähen Sie zwischen den beiden Kerben an Vorder- und Rückseite der Armkugel, knapp innerhalb der Nahtzugabe entlang. Befestigen Sie ein Ende der Naht mit Rückstichen und lassen Sie am anderen Ende den Faden lang hängen. Nähen Sie nun noch einmal in der anderen Richtung die gleiche Strecke entlang, parallel zur ersten Naht. Lassen Sie hier am anderen Ende den Faden lang hängen. Wenden Sie den Ärmel auf rechts und das Kleidungsstück auf links. Schieben Sie den Ärmel rechts auf rechts in das Armloch hinein.

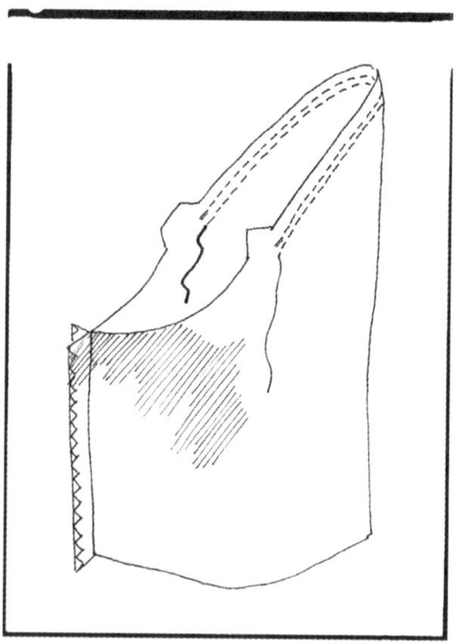

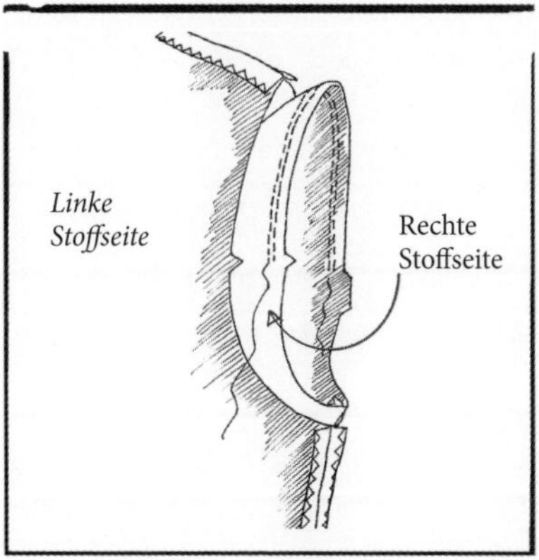

3 Passen Sie die Kerben von Ärmel und Kleidungsstück aufeinander. Stecken Sie die Unterarmnaht fest. Ziehen Sie nun sanft an den Reihfäden, um die Weite der Armkugel einzuhalten.

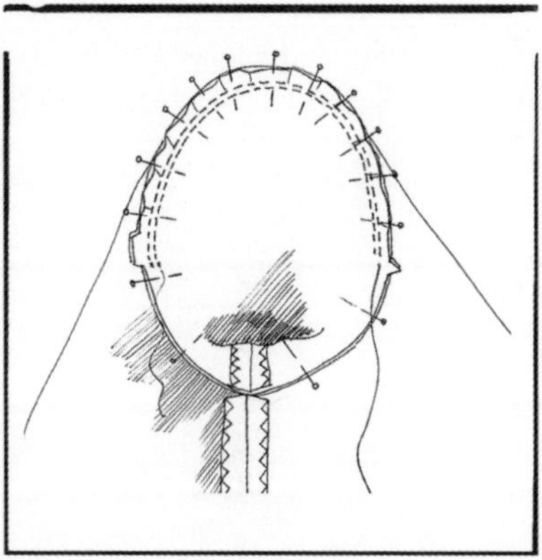

4 Verteilen Sie die Weite zwischen den Kerben gleichmäßig, wie in Ihrer Nähanleitung angegeben. Stecken Sie die Armkugel fest oder heften Sie sie.

5 Nähen Sie den Ärmel ein. An der Unterarmnaht beginnen. Die Stecknadeln während des Nähens entfernen. Rundum nähen und darauf achten, dass die Nahtzugaben der Schulternaht und der Seitennaht jeweils flach auseinandergedrückt sind.

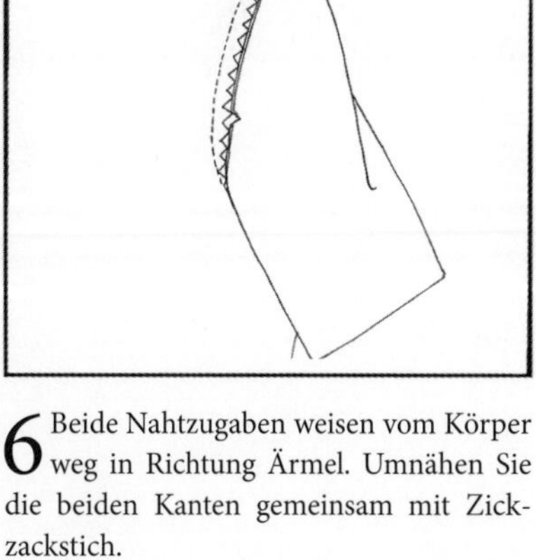

6 Beide Nahtzugaben weisen vom Körper weg in Richtung Ärmel. Umnähen Sie die beiden Kanten gemeinsam mit Zickzackstich.

RAGLANÄRMEL

Ein Raglanärmel kann aus zwei Teilen bestehen (Vorder- und Rückteil) oder er hat einen Abnäher auf der Schulter. Der Ärmel wird eingesetzt. Zuerst werden Unterarmnaht und Seitennaht geschlossen, dann wird der Raglanärmel eingenäht.

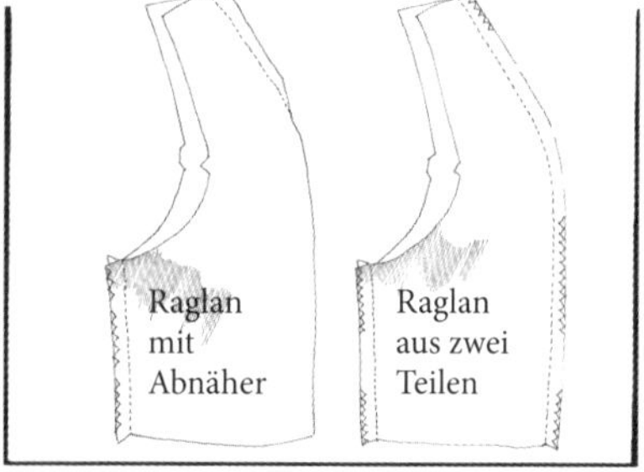

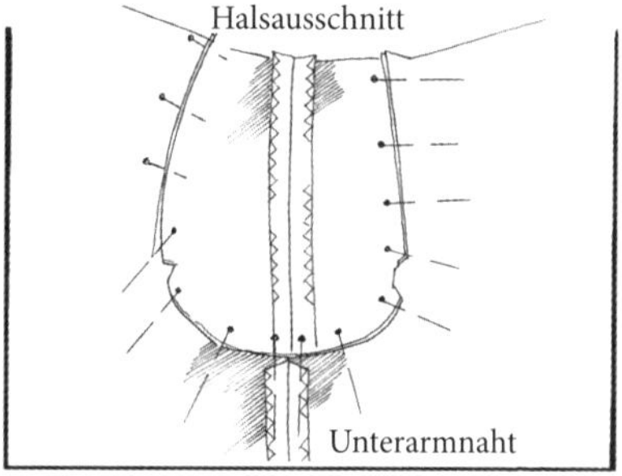

1 Entweder Sie nähen einen Abnäher oder Sie stecken und nähen zwei einzelne Ärmelteile aneinander. Arbeiten Sie einen rechten und einen linken Ärmel und pressen Sie die Nahtzugaben auseinander.

2 Nähen Sie die Unterarmnaht des Ärmels und die Seitennaht des Kleidungsstücks. Stecken Sie den Ärmel rechts auf rechts in die Ärmelöffnung, die Nähte und die jeweiligen Kerben müssen aufeinanderliegen.

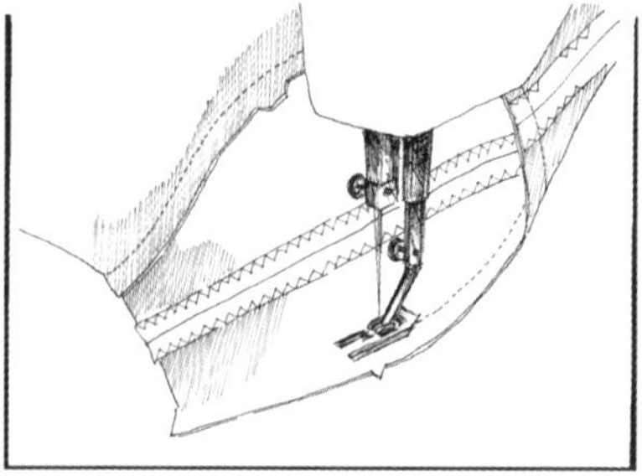

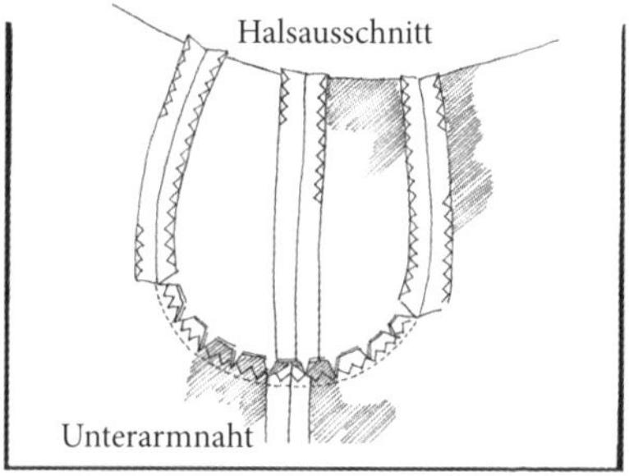

3 Nähen Sie den Ärmel ein. Die Ärmelseite liegt beim Nähen oben.

4 Seitlich liegende Nahtzugaben auseinanderpressen. Die Nahtzugaben zwischen den Kerben einschneiden, damit sie am Halsausschnitt flach auseinanderliegen können. Die Unterarmnähte gemeinsam, die anderen Nähte einzeln versäubern.

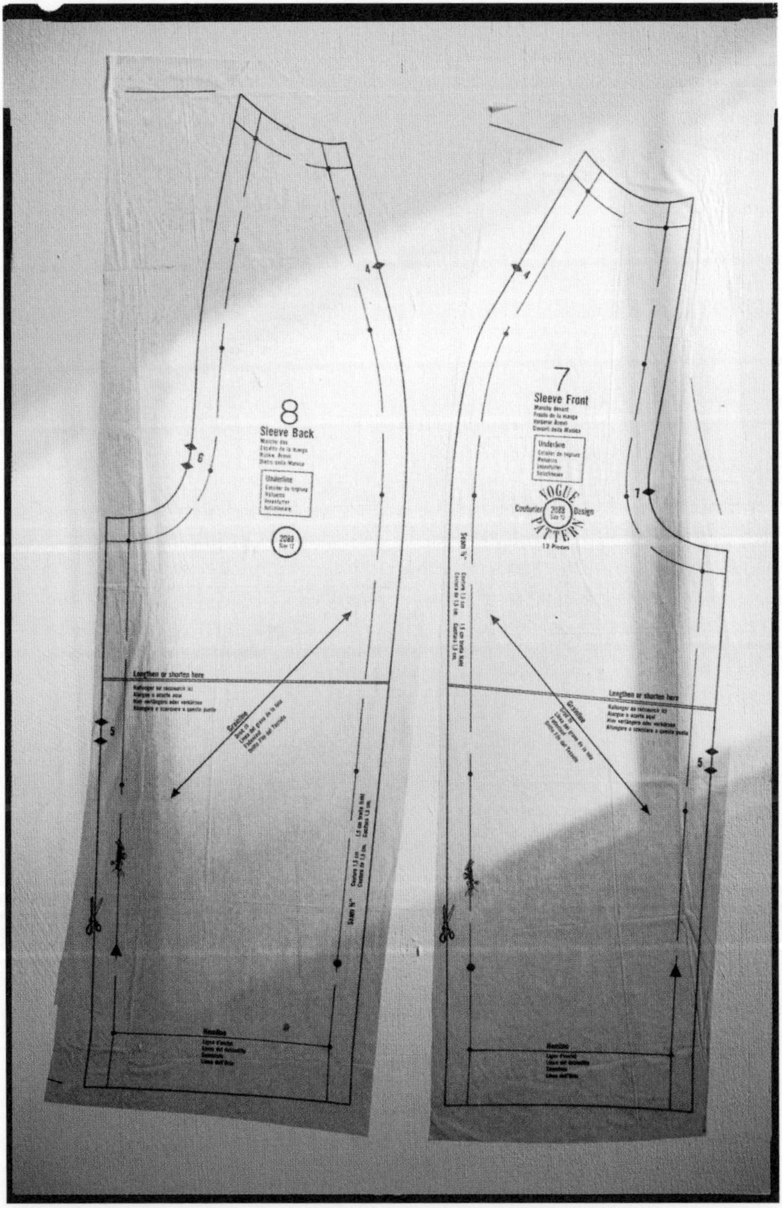
8
Sleeve Back
Underline
2083
Size 12
Lengthen or shorten here
Grainline
Hemline
Seam ⅝"
7
Sleeve Front
Underline
VOGUE PATTERN
Couturier Design
2083
13 Pieces
Lengthen or shorten here
Grainline
Hemline
Seam ⅝"

HEMDÄRMEL

Diese Art von Ärmeln wirkt leger, weil sie locker sitzen und nicht ganz auf der Schulter liegen. Hier wird auch keine Stoffweite eingehalten. Die flache Armkugel wird an die Schulterkante genäht, dann erst werden Unterarmnaht und Seitennaht geschlossen.

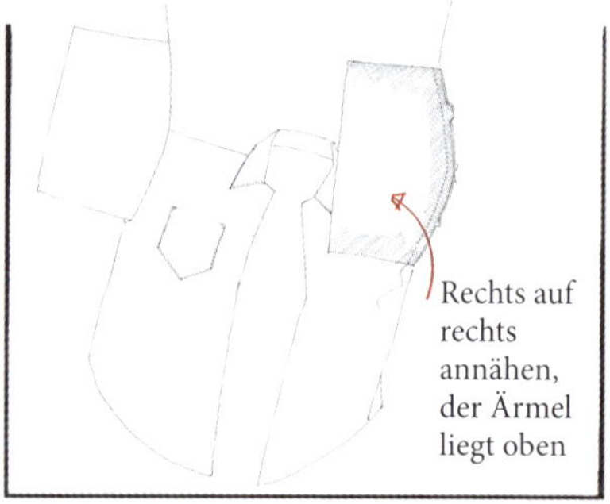

1 Stecken Sie den Ärmel rechts auf rechts an das Armloch, die Kerben müssen aufeinanderliegen. Schließen Sie die Naht, der Ärmel liegt dabei oben.

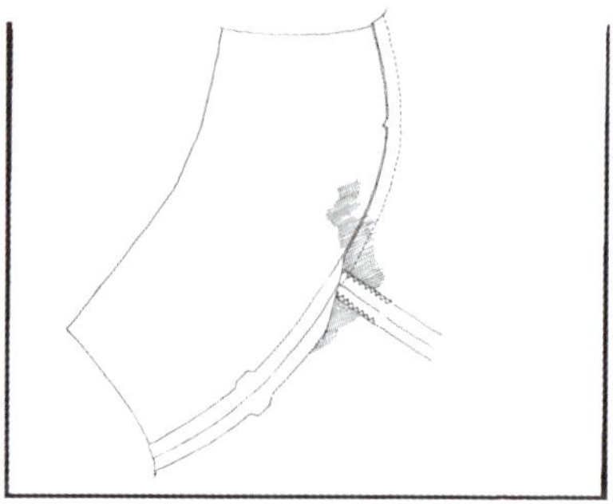

2 Pressen Sie die Nahtzugaben zuerst auseinander und dann gemeinsam in Richtung Ärmel. Versäubern Sie die Nahtzugaben zusammen mit Zickzackstichen.

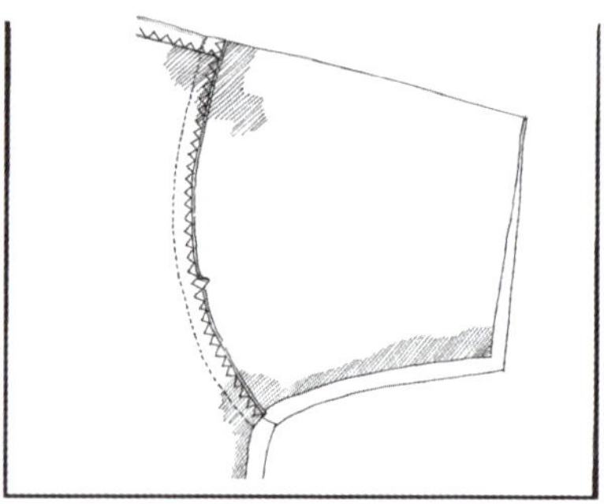

3 Passen Sie die Unterarmnähte genau aufeinander. Stecken und nähen Sie die Seitennaht und die Unterarmnaht in einem Arbeitsgang. Beginnen Sie an der Seitennaht und enden Sie an der Unterarmnaht.

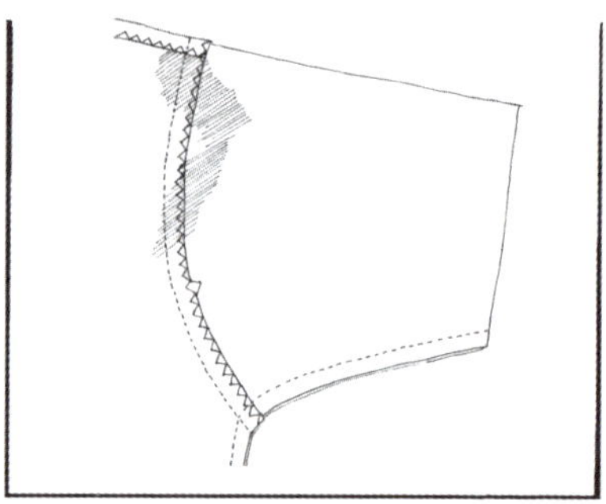

4 Pressen Sie die Nahtzugaben auseinander und versäubern Sie sie mit Zickzackstich.

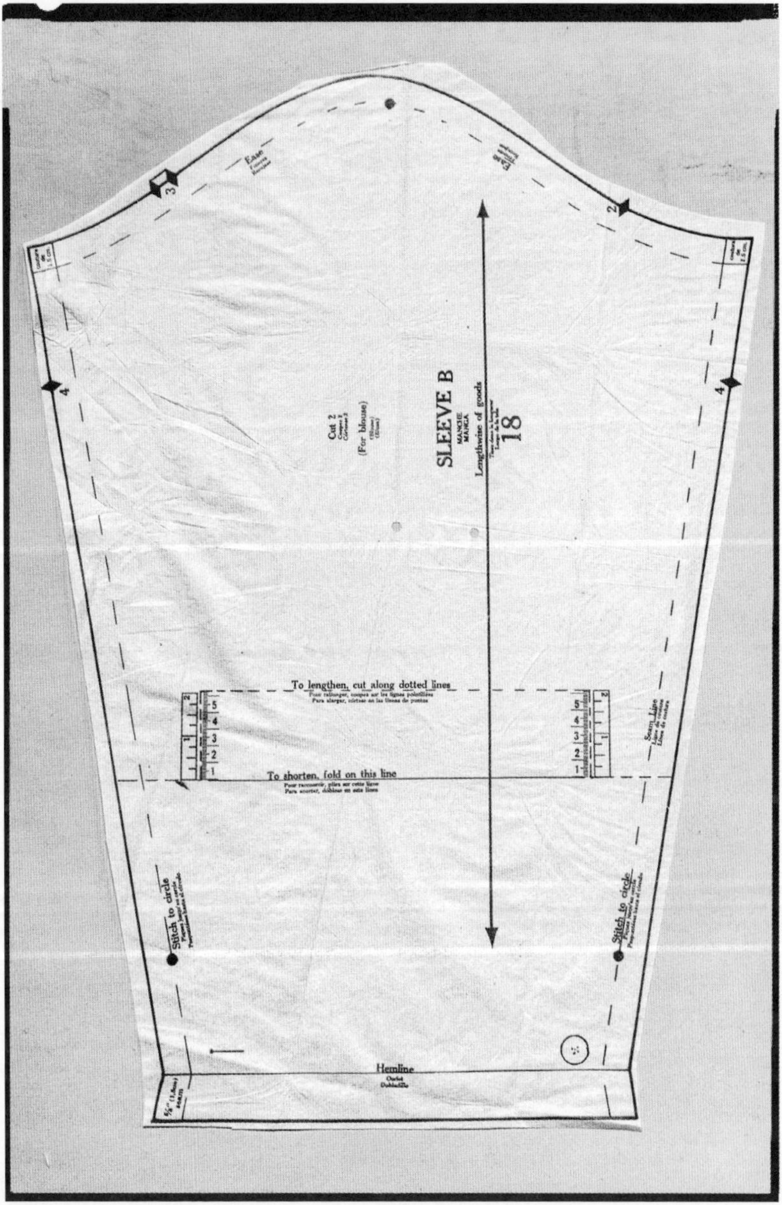
SLEEVE B
MANCHE
MANGA
Lengthwise of goods
18
Cut 2
(For blouse)
Ease
To lengthen, cut along dotted lines
To shorten, fold on this line
Seam Line
Stitch to circle
Hemline
3
2
4
4

EIN ARMLOCH AUSARBEITEN

Es gibt mehrere Möglichkeiten ein Armloch abzuschließen. Zwei davon stellen wir hier vor. Die erste ist ziemlich einfach. Es wird ein Beleg angenäht und nach innen gefaltet. Dort kann er mit einem Kreuzstich an Schulternaht und Seitennaht befestigt werden. Professioneller ist ein kompletter Beleg, der gleichzeitig Armloch und Halsausschnitt einfasst. Das ist etwas komplizierter, sieht aber klasse aus.

EINFACHER BELEG

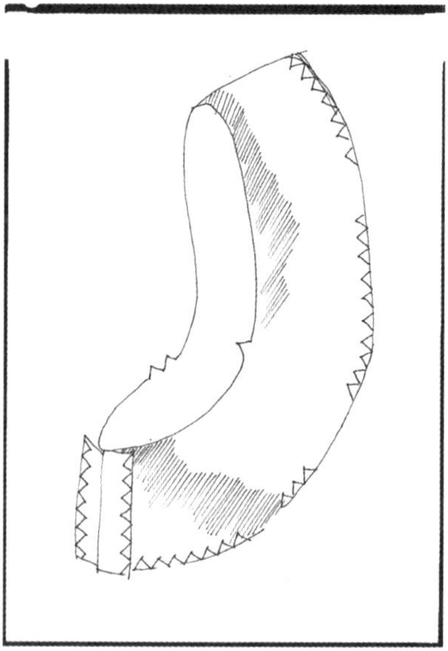

1 Schließen Sie die untere Naht des Belegs und pressen Sie die Nahtzugaben auseinander. Versäubern Sie die Außenkante des Belegs mit Zickzackstich.

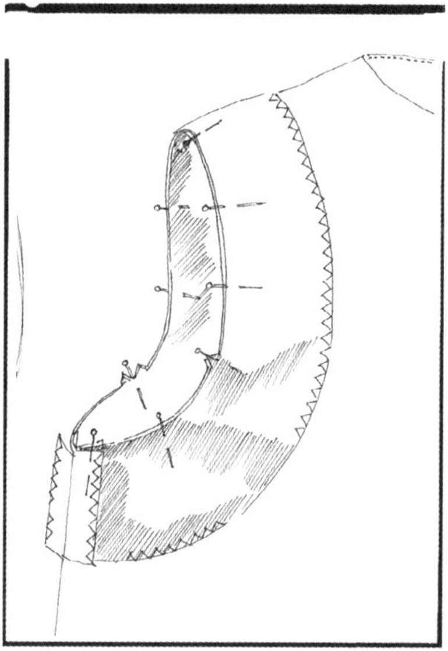

2 Stecken Sie den Beleg rechts auf rechts an das Armloch des Kleidungsstücks, die Nähte und Kerben treffen aufeinander. Alle Nahtzugaben müssen flach auseinandergedrückt sein.

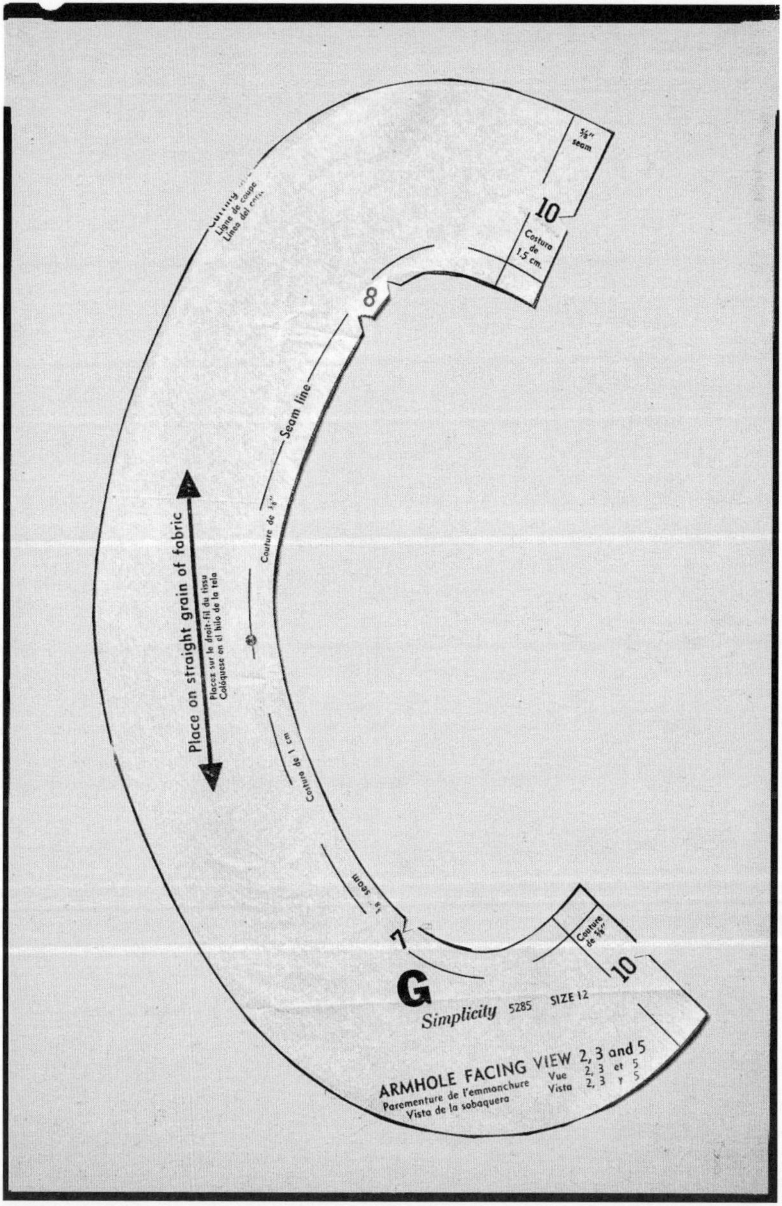
5/8" seam
10
Costura de 1.5 cm.
Ligne de coupe
Linea del corte
8
Seam line
Couture de 5/8"
Place on straight grain of fabric
Placez sur le droit-fil du tissu
Colóquese en el hilo de la tela
Costura de 1 cm
5/8" seam
7
Couture de 5/8"
10
G
Simplicity 5285 SIZE 12
ARMHOLE FACING VIEW 2, 3 and 5
Parementure de l'emmanchure Vue 2, 3 et 5
Vista de la sobaquera Vista 2, 3 y 5

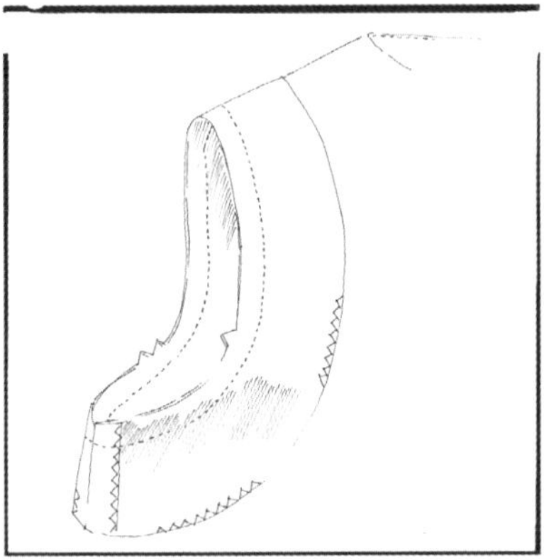

3 Beginnen Sie an der Seitennaht und nähen Sie um das ganze Armloch herum.

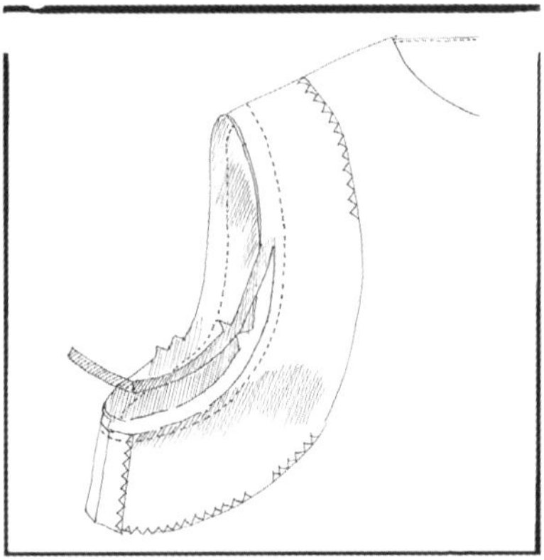

4 Schneiden Sie nur die Nahtzugabe des Belegs zurück.

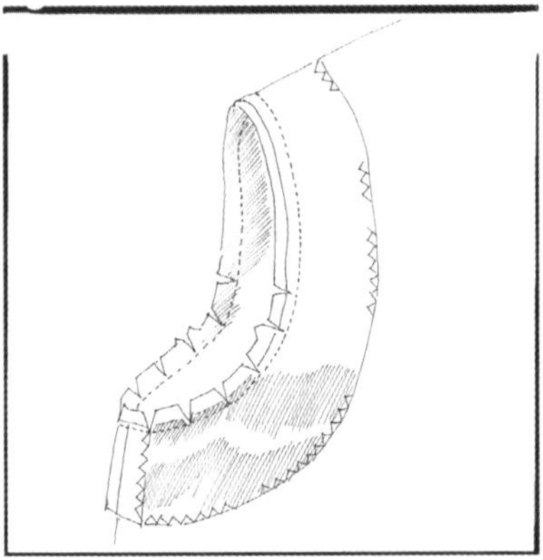

5 Schneiden Sie die Nahzugabe unterhalb der beiden Kerbmarkierungen des Armlochs ein.

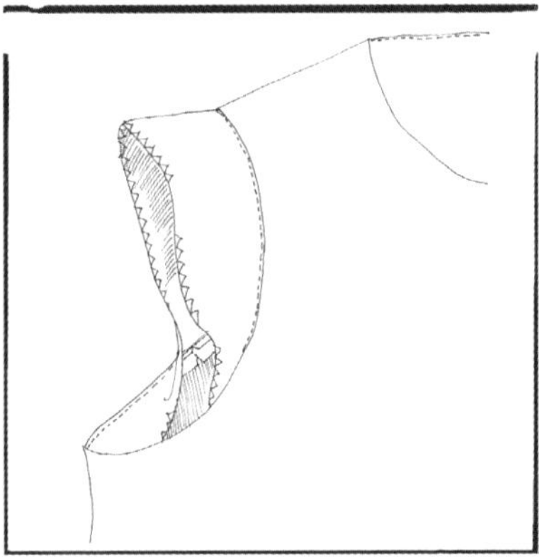

6 Pressen Sie die Nahzugaben zuerst auseinander, dann in Richtung Beleg. Nähen Sie einmal dicht innerhalb der Naht auf der Nahtzugabe (siehe Schritt 7, Seite 116). Falten Sie den Beleg nach innen und pressen Sie ihn von der Innenseite her.

KOMPLETTER BELEG

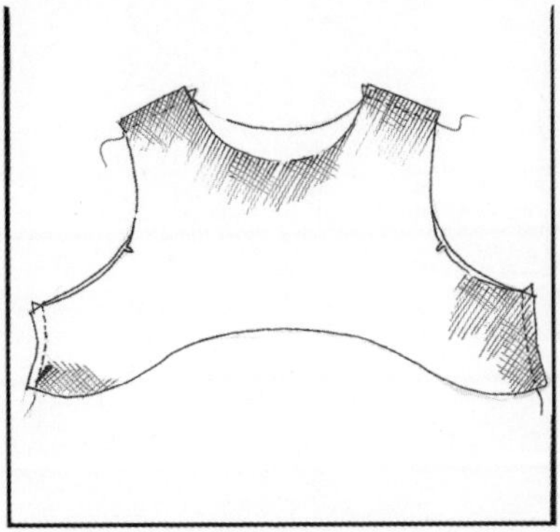

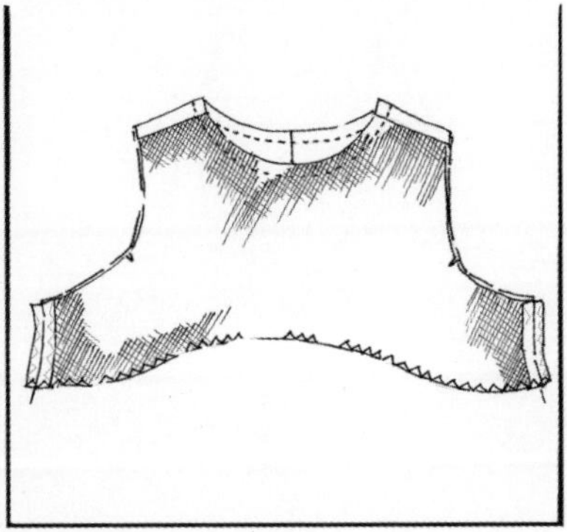

1 Stecken und nähen Sie die Schulternähte zusammen. Pressen Sie die Nahtzugaben auseinander. Stecken und nähen Sie auch die Seitennähte. Auch hier die Nahtzugaben auseinanderpressen. Versäubern Sie alle Kanten mit Zickzackstichen.

2 Das Kleidungsstück ist auf rechts gewendet, der Beleg auf links. Stecken und nähen Sie den Beleg rechts auf rechts auf den Halsausschnitt des Kleidungsstücks. Kürzen Sie die Nahtzugaben und unternähen Sie die Naht, wie in den Schritten 3 – 7 (Halsausschnitte) der Seiten 114 – 116 beschrieben. Falten Sie den Beleg ins Innere des Kleidungsstücks.

3 Auf der Innenseite des Kleidungsstücks bringen Sie bei den Punkten **a** (Oberkante der Seitennaht) und **b** (Unterkante der Seitennaht des Belegs) je eine Stecknadel an.

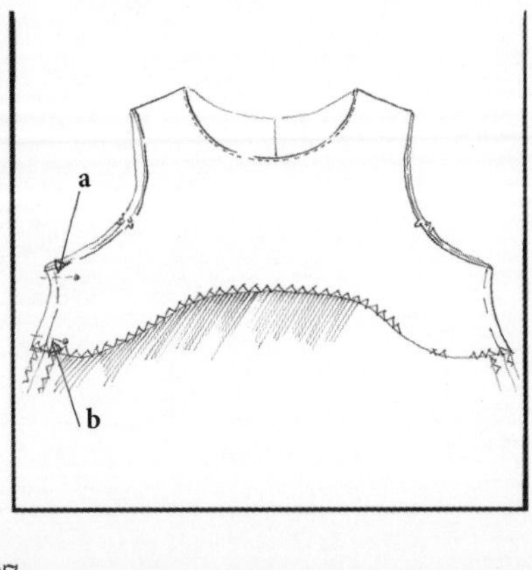

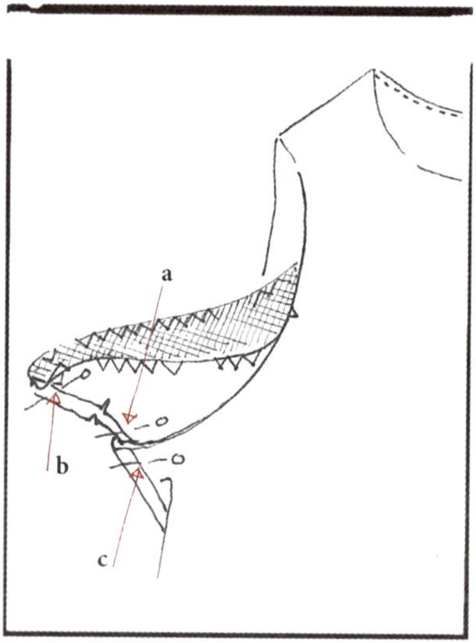

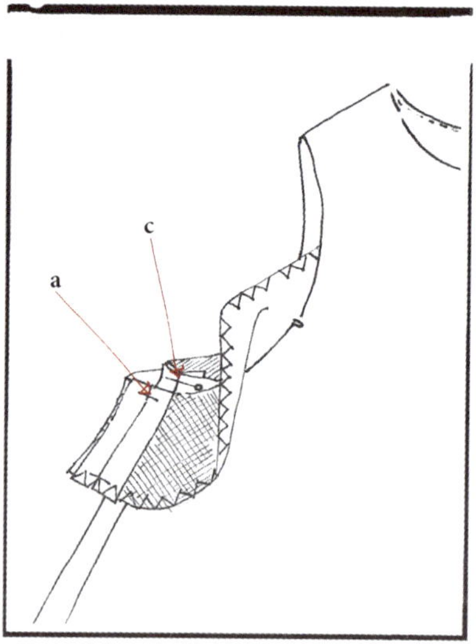

4 Ziehen Sie den Beleg aus dem Armloch heraus und falten Sie ihn so, dass die Nadeln a und c aufeinanderliegen.

5 Nun liegen Kleidungsstück und Beleg rechts auf rechts.

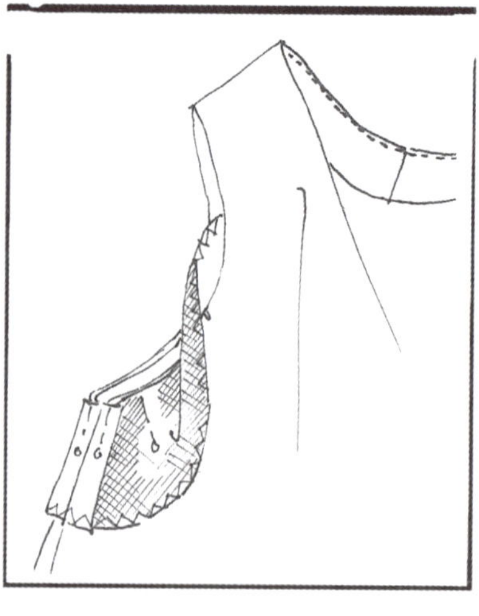

6 Stecken Sie das Armloch des Belegs mit Stecknadeln in das Armloch des Kleidungsstücks, alle Nahtzugaben liegen flach auseinandergepresst. Das Armloch sieht nun etwas verdreht und seltsam aus.

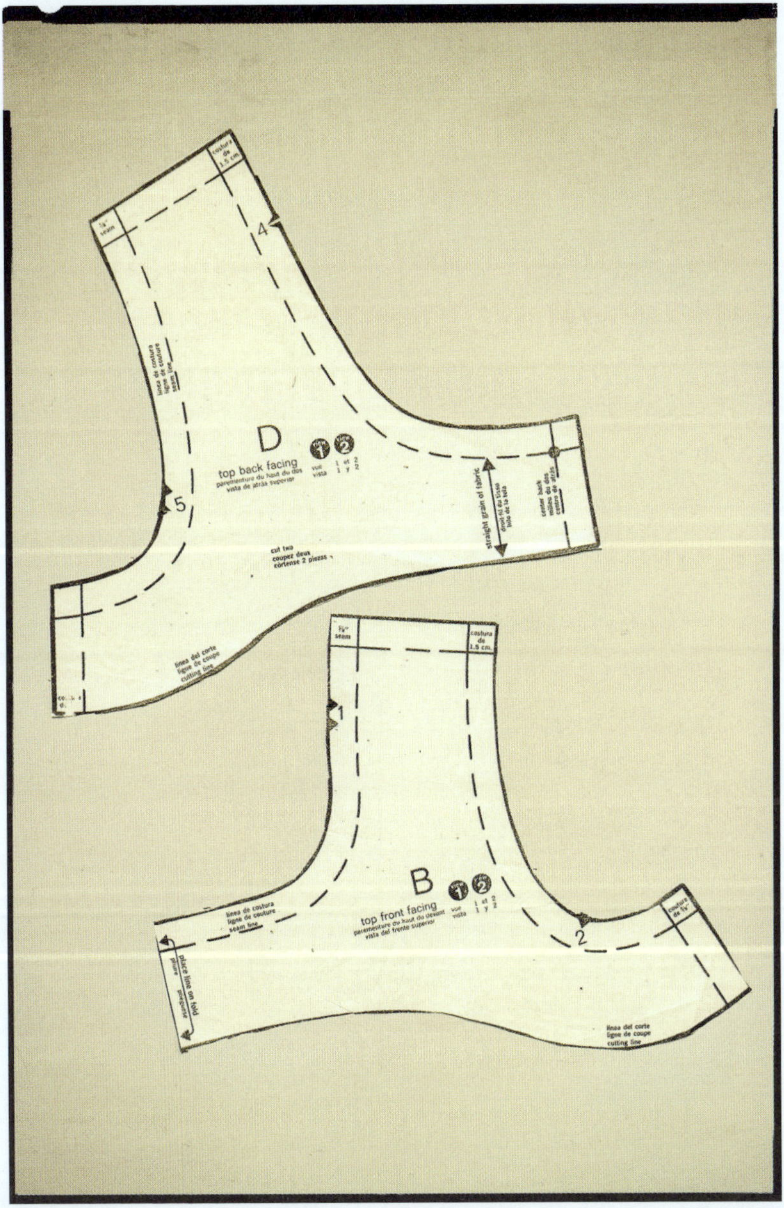
D
top back facing
parementure du haut du dos
vista de atrás superior
cut two
coupez deux
córtense 2 piezas
straight grain of fabric
center back
B
top front facing
parementure du haut du devant
vista del frente superior
place line on fold
línea del corte
ligne de coupe
cutting line
línea de costura
ligne de couture
seam line

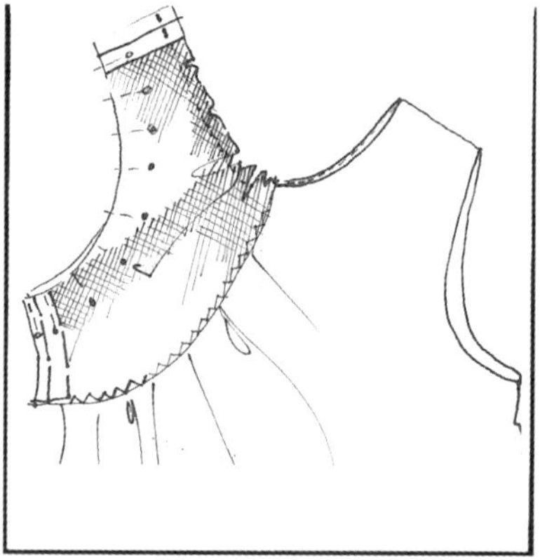

7 Stecken Sie weiter rund um das Armloch und ziehen Sie den Beleg bis über die Schulternaht hinaus.

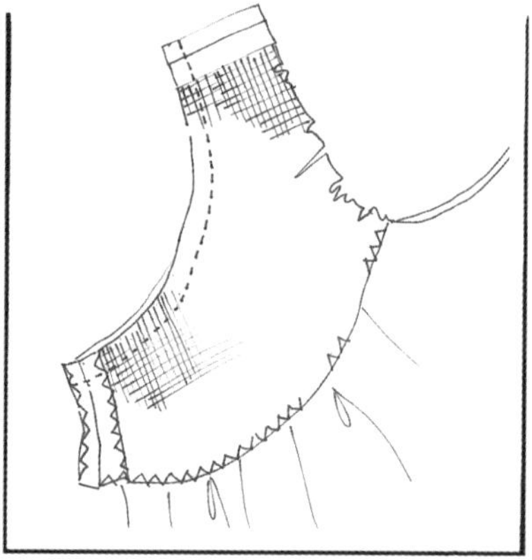

8 Nähen Sie von der Seitennaht bis knapp über die Schulternaht. Arbeiten Sie jede Seite einzeln.

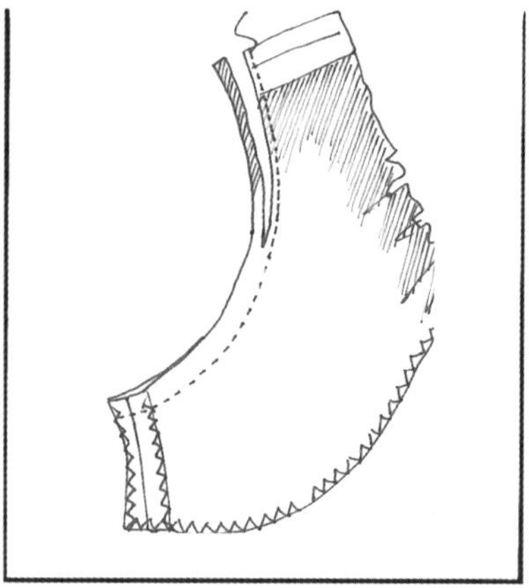

9 Schneiden Sie die Nahtzugaben schmaler und schneiden Sie sie zwischen den Kerbmarkierungen ein.

10 Wenden Sie das Kleidungsstück auf rechts und pressen Sie es sorgfältig von beiden Seiten her.

DIE TAILLE

Die Taillennaht ist der Dreh- und Angelpunkt eines Kleides und bildet als Bund den oberen Abschluss von Hose oder Rock. Sie wird oft nicht beachtet, doch die Taille ist ein wichtiger Blickpunkt. Sie darf nicht weniger sorgfältig genäht werden als der Rest des Kleidungsstücks. Die Taillennaht verbirgt die darunterliegenden Stoffe von oben oder von unten her. Daher muss sie gut gearbeitet sein, soll glatt und weich liegen und darf keine Beulen und Falten bilden.

Beim Pressen wird die Nahtzugabe der Taille eines Kleides stets in Richtung Oberteil gelegt.

In diesem Kapitel betrachten wir die Konstruktion einer gerafften Taille und einer Taillennaht mit Abnähern. Außerdem zeigen wir eine einfache Methode, wie ein praktischer Bund an Hose, Shorts oder Rock angesetzt wird.

OBERTEIL AN EINEN ROCK NÄHEN

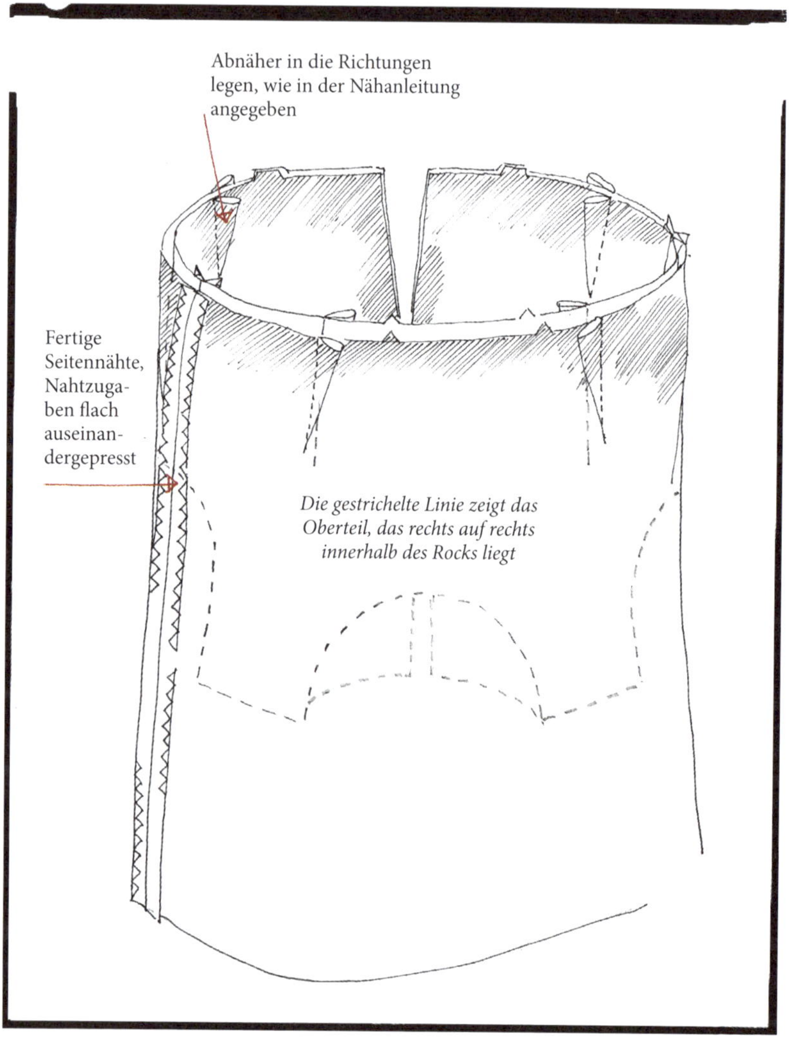

1 Wenden Sie den Rock auf links und das Oberteil auf rechts. Schieben Sie das Oberteil rechts auf rechts in den Rock.

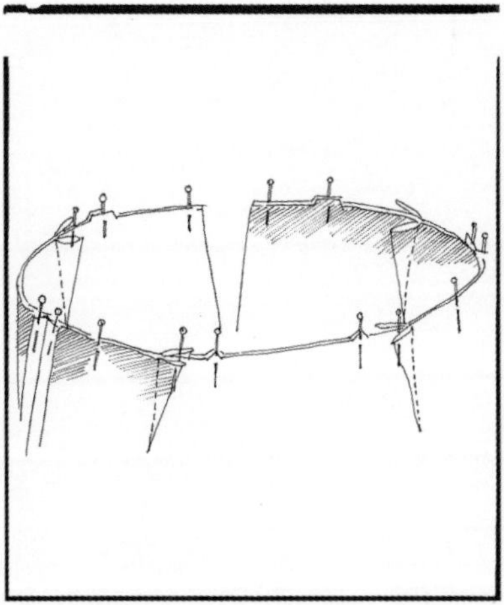

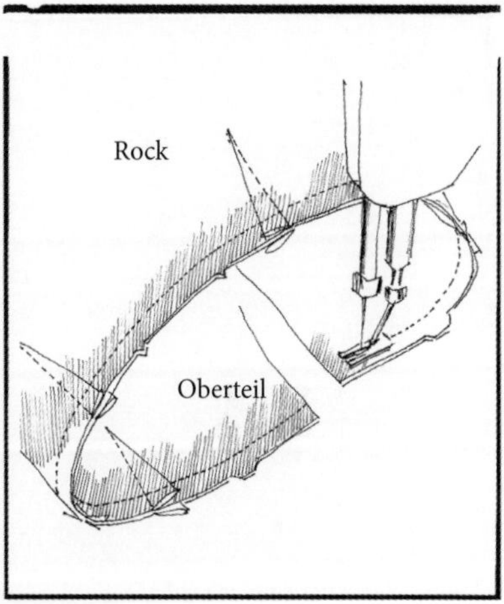

2 Stecken Sie beides an der Oberkante zusammen. Alle Nähte und Kerben müssen aufeinandertreffen.

3 Nähen Sie die Taillennaht. Beginnen und enden Sie an der Reißverschlussöffnung. Sie werden merken, dass es einfacher ist von der Innenseite her zu nähen.

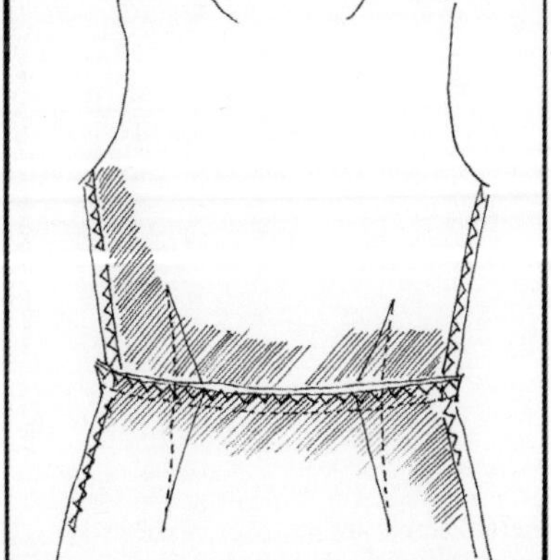

4 Pressen Sie die Naht und versäubern Sie die Nahtzugaben gemeinsam mit Zickzackstichen. Pressen Sie die Naht in Richtung des Oberteils. Ziehen Sie das Oberteil nach oben aus dem Rock heraus und pressen Sie die Taillennaht noch einmal.

GERAFFTE TAILLENNAHT

1 Nähen Sie an der für das Raffen vorgesehenen Stelle des Kleidungsstücks mit dem längsten Stich der Nähmaschine zwei parallele Linien entlang. Nähen Sie nicht über Nähte hinweg, denn die lassen sich nicht gut raffen. Nähen Sie aber bis dicht an die Nähte heran, damit in der Raffung keine Lücken entstehen. Lassen Sie die Fadenenden lang hängen.

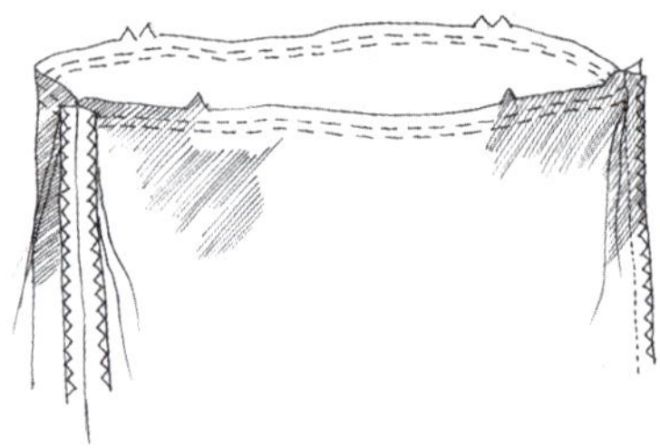

2 Stecken Sie das Oberteil und den Rock rechts auf rechts ineinander. Die Seitennähte und Kerben müssen aufeinandertreffen. Wenn es noch einen Reißverschluss einzusetzen gibt, so wird dies erst nach der Fertigstellung der Taillennaht erledigt.

Schieben Sie das Oberteil rechts auf rechts in den Rockteil

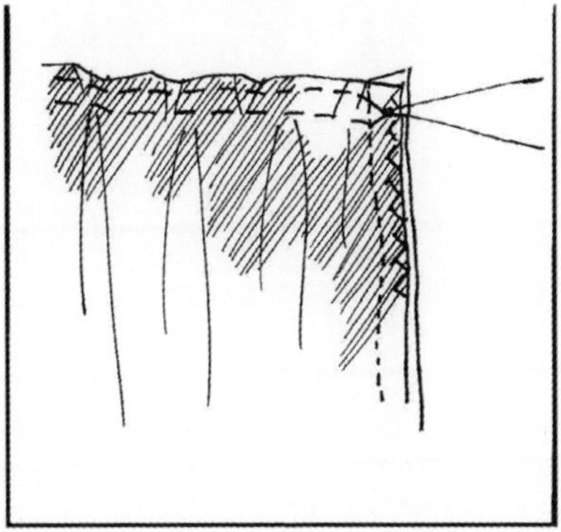

3 Verknoten Sie die Fadenenden an einer Seite miteinander. Lassen Sie die Enden an der anderen Seite frei hängen. Diese Enden halten Sie fest und schieben den Stoff zu Falten zusammen.

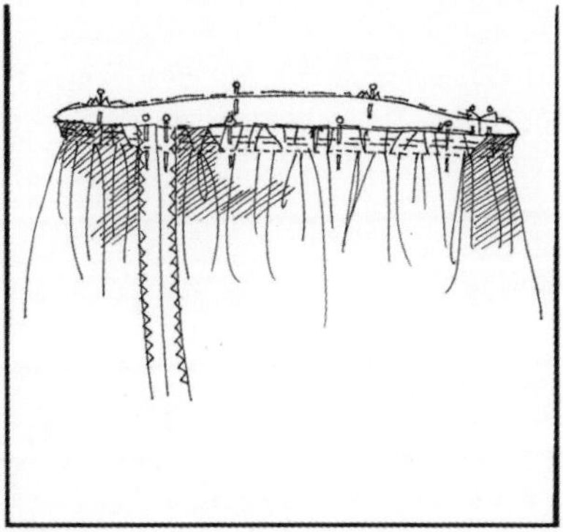

4 Falten feststecken und befestigen, ebenso die Fadenenden. Wiederholen Sie dies bei allen Bereichen. Nahtzugaben liegen flach auseinandergedrückt.

5 Nähen Sie nun rundum, die geraffte Seite liegt oben. Halten Sie während des Nähens die Hände dicht neben der Nadel, damit sich keine unerwünschten Fältchen zusammenschieben.

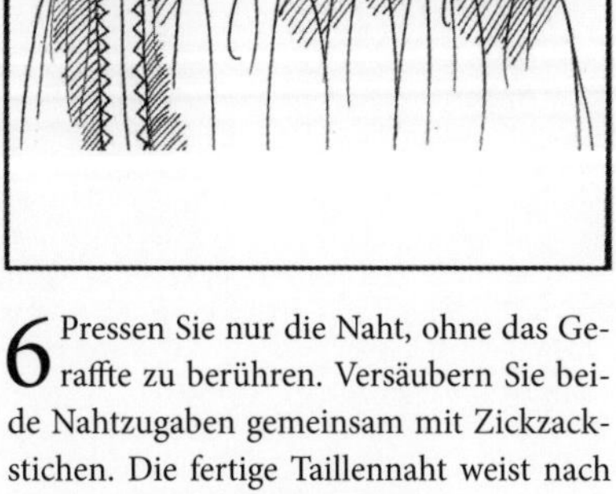

6 Pressen Sie nur die Naht, ohne das Geraffte zu berühren. Versäubern Sie beide Nahtzugaben gemeinsam mit Zickzackstichen. Die fertige Taillennaht weist nach oben, weg vom gerafften Rock.

BUND ANNÄHEN

1 Legen Sie den Bund mit der linken Stoffseite nach oben und bügeln Sie ein klebendes Bundband auf eine Längsseite. Pressen Sie an der gegenüberliegenden Längsseite die Nahtzugabe nach innen.

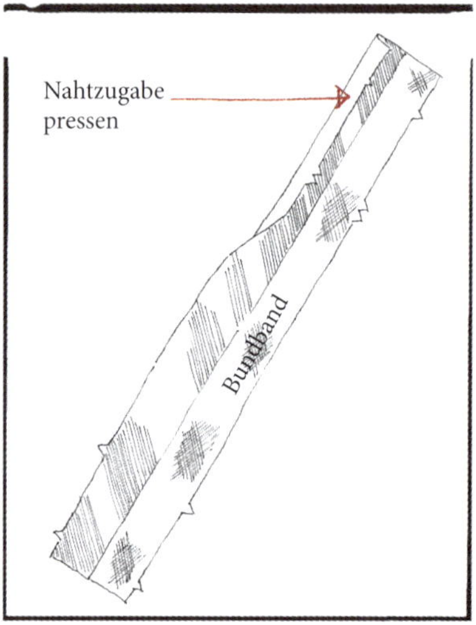

2 Stecken Sie das Bündchen rechts auf rechts mit der belegten Seite an die Taille des Kleidungsstücks. Alle Kerbmarkierungen liegen genau aufeinander. Nachdem der Bund angenäht ist, muss die belegte Seite nach außen weisen. Nähen Sie jetzt das Bündchen fest. Schneiden Sie die Nahtzugaben zurück.

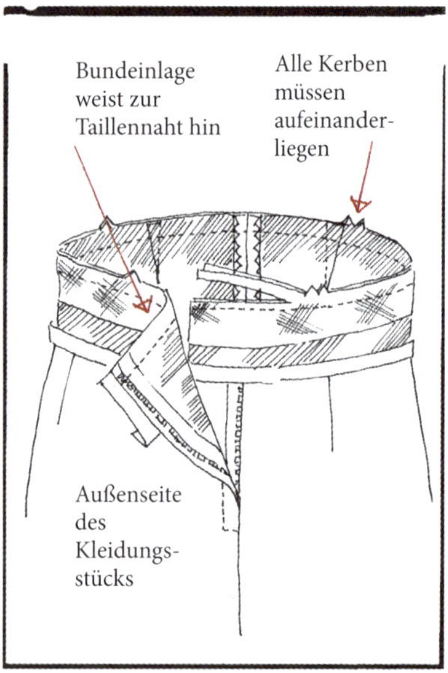

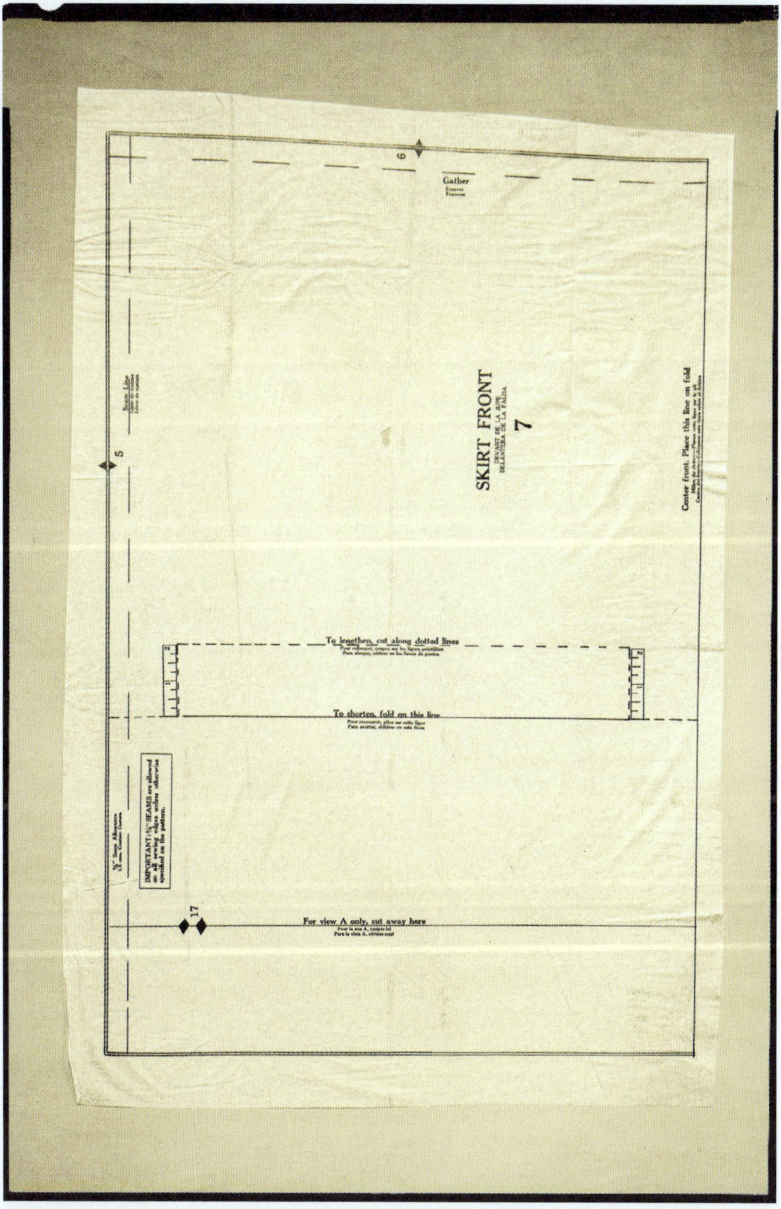
SKIRT FRONT
DEVANT DE LA JUPE
DELANTERA DE LA FALDA
7
Gather
Center front. Place this line on fold
To lengthen, cut along dotted lines
To shorten, fold on this line
For view A only, cut away here
IMPORTANT: 5/8" SEAMS are allowed on all sewing edges unless otherwise specified on the pattern.
5
6
17

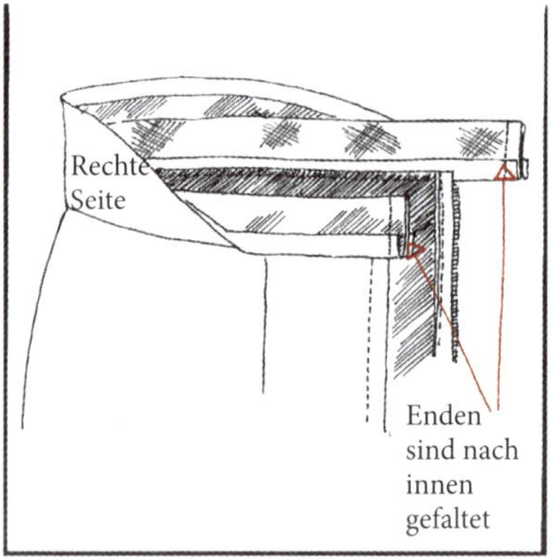

3 Falten Sie jedes Ende des Bundes nach innen. Nähen Sie über die kurze Kante.

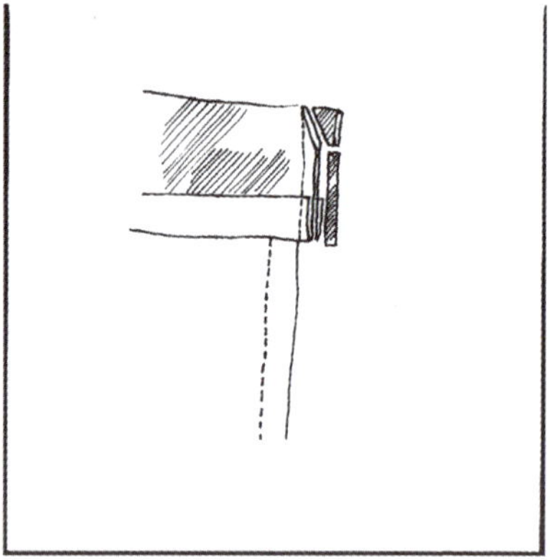

4 Kürzen Sie die Nahtzugaben und schneiden Sie die Ecken ab.

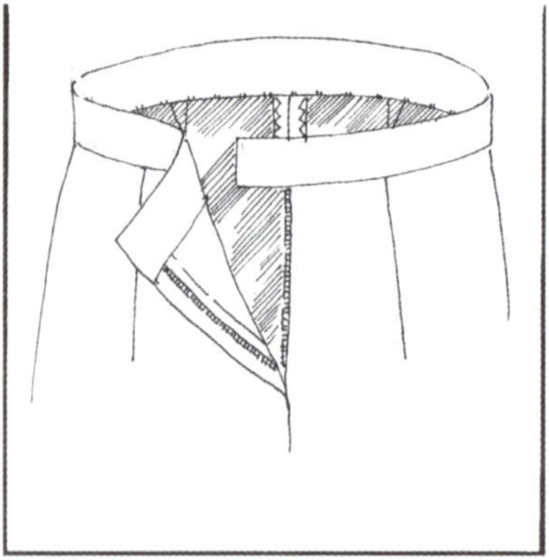

5 Wenden Sie das Kleidungsstück, falten Sie den Bund nach innen und säumen Sie die umgeschlagene Kante mit Blindstichen an der innen liegenden Naht fest.

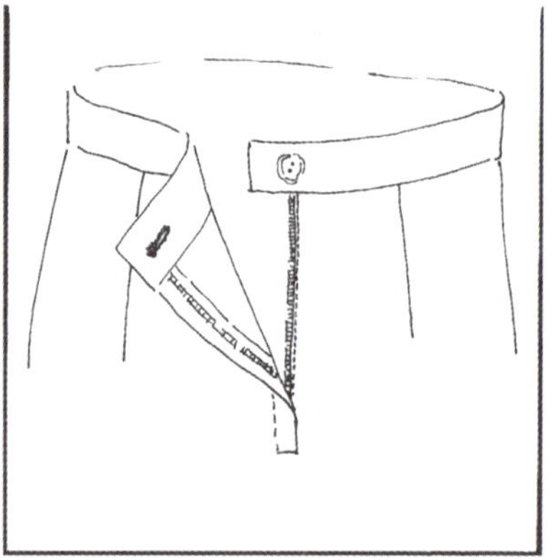

6 Der Knopf wird am Untertritt des Bundes angenäht. Das Knopfloch wird am darüberliegenden Übertritt gearbeitet.

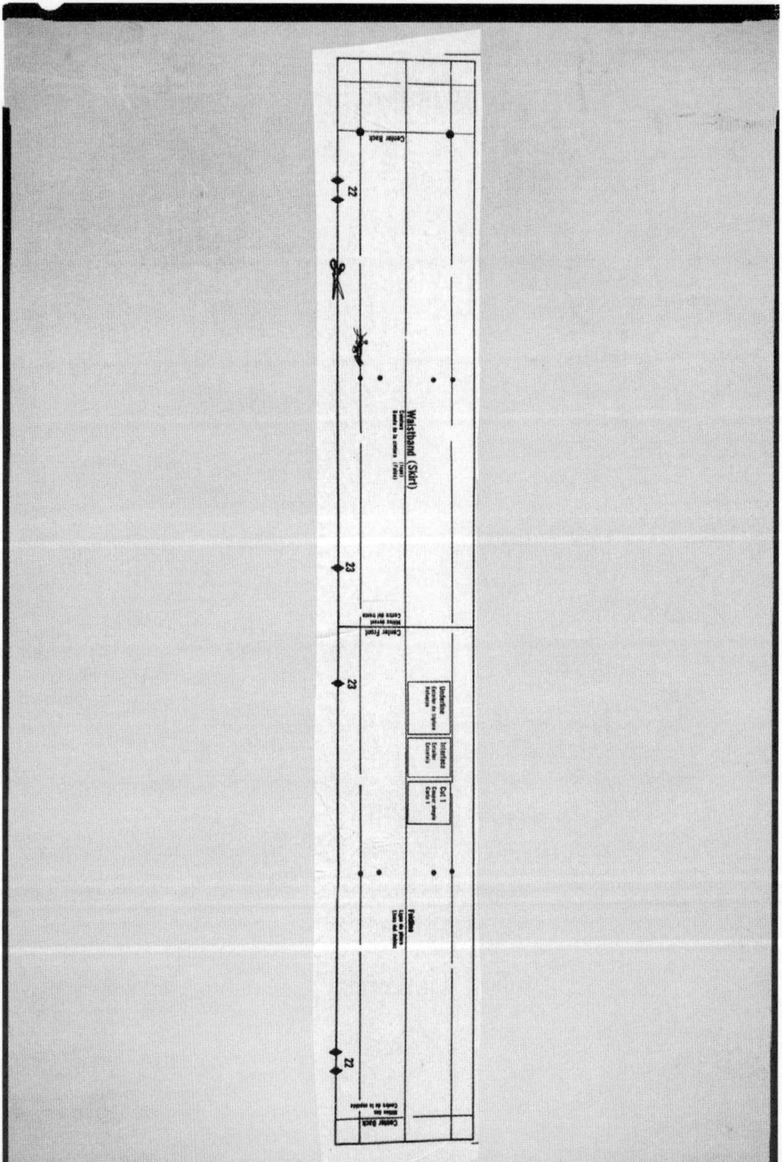
Center Back
22
Waistband (Skirt)
23
Center Front
23
Underline
Interface
Cut 1
Foldline
22
Center Back

HALS-AUSSCHNITTE

Das Geheimnis eines schönen Halsausschnitts liegt im Trimmen der Nahtzugaben, im sorgfältigen Pressen und dem Unternähen. Diese Techniken sollten Sie beherrschen.

Der gute Eindruck und Sitz eines Kleidungsstücks steht und fällt mit dem Halsausschnitt, denn er ist der Blickpunkt der Vorderseite. Auch hier halten wir uns an das Versprechen, einfache Techniken zu zeigen. Wir tun dies am Beispiel eines einfach belegten Halsausschnitts und an zweierlei Kragen – einem flach anliegenden mit runden Ecken (Bubikragen) und einem stehenden Hemdkragen aus einem Stück.

Alle drei Methoden verlangen nach einem Beleg, der für die Stabilität nötig ist und der die offenen Stoffkanten verbirgt. Der einfache Beleg und der Bubikragen werden in der gleichen Methode genäht. Beide können mit oder ohne hintere oder vordere Öffnung gearbeitet werden.

Der Hemdkragen besteht aus einem angenähten Kragen, der am Nacken aufgestellt wird. Wichtig ist, dass Beleg und Kragen genau in der Mitte des Halsausschnitts liegen. Nähen Sie von der Mitte zu den Seiten hin und dehnen Sie den Stoff nicht.

EINFACHER HALSAUSSCHNITT

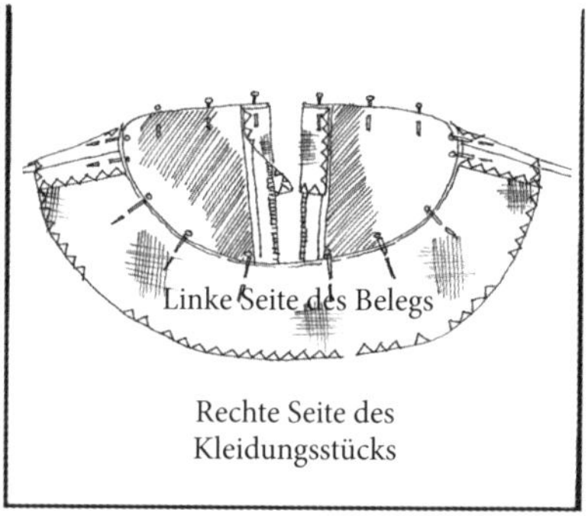

1 Das Kleidungsstück weist mit der rechten Stoffseite nach außen. Stecken Sie den Beleg rechts auf rechts darauf. Alle Kerbmarkierungen müssen aufeinandertreffen. Öffnen Sie den Reißverschluss und falten Sie die Seitenkanten des Belegs rechts und links des Reißverschlusses nach innen.

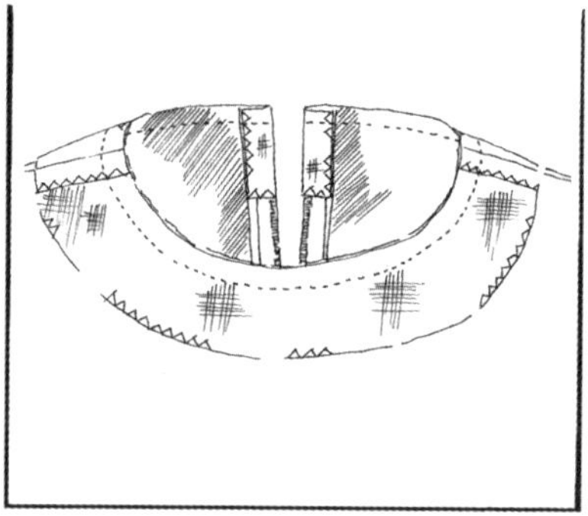

2 Nähen Sie rundum, der Beleg liegt oben. Nähen Sie auch über die umgeschlagenen Kanten an der Reißverschlussöffnung hinweg. Darauf achten, dass nach dem Schließen des Reißverschlusses beide Enden in gleicher Höhe aufeinandertreffen. Pressen Sie die Naht.

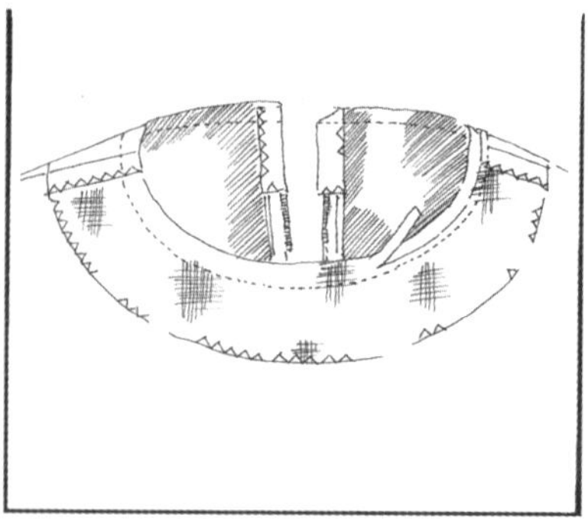

3 Schneiden Sie die Nahtzugabe des Belegs einseitig zurück.

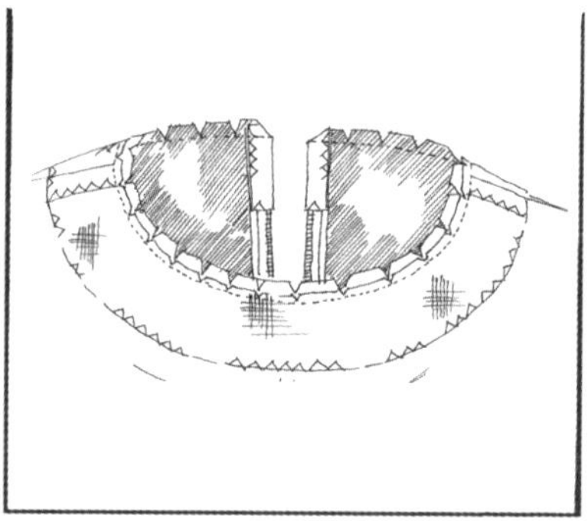

4 Schneiden Sie die Nahtzugabe rundum ein. Schneiden Sie die Ecken der Nahtzugabe am Reißverschluss ab.

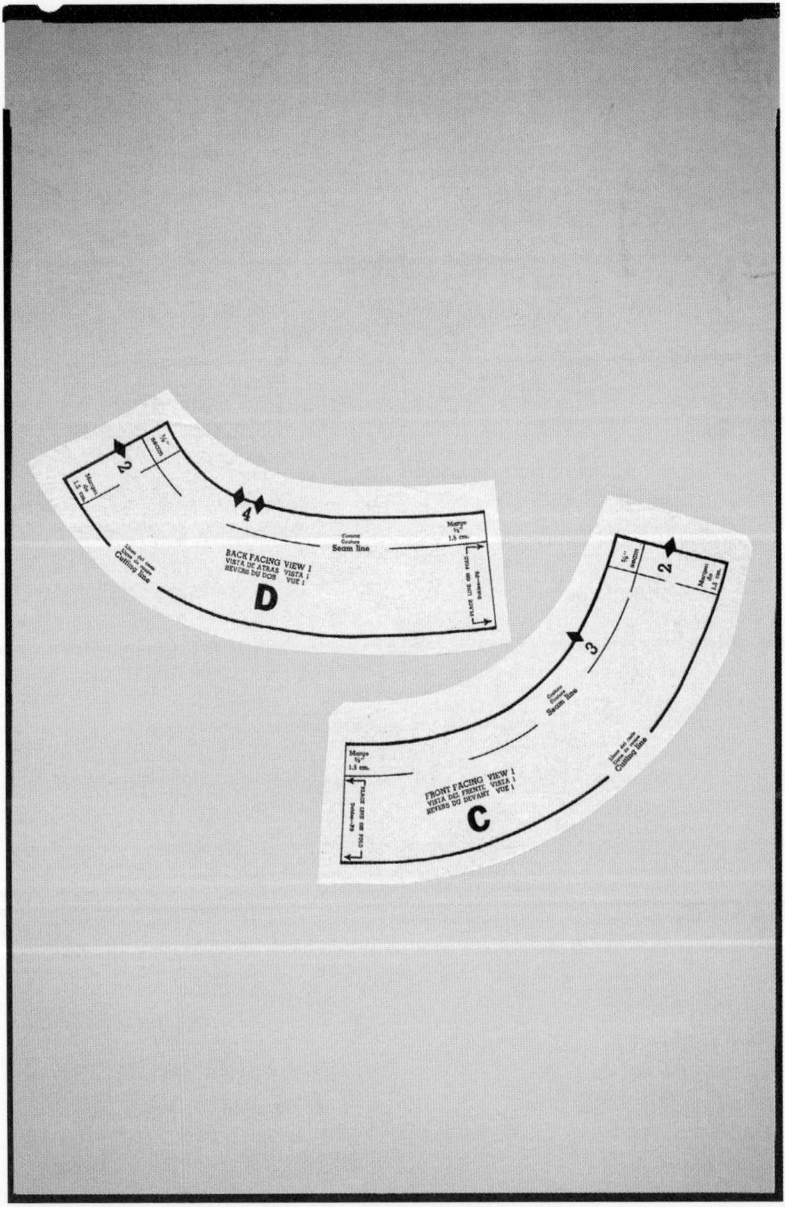
BACK FACING VIEW 1
VISTA DE ATRAS VISTA 1
REVERS DU DOS VUE 1
D
Seam line
Cutting line
1.5 cm.
FRONT FACING VIEW 1
VISTA DEL FRENTE VISTA 1
REVERS DU DEVANT VUE 1
C

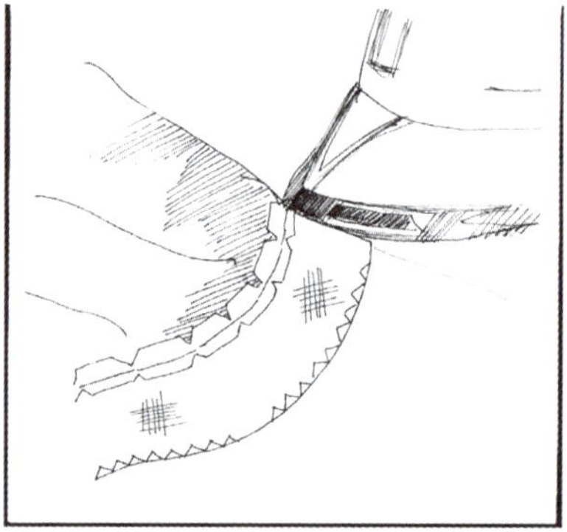

5 Pressen Sie die Nahtzugaben auseinander.

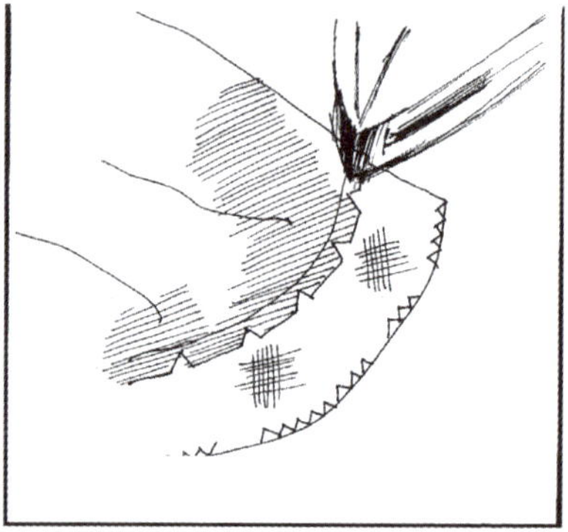

6 Pressen Sie die Nahtzugaben gemeinsam in Richtung des Belegs.

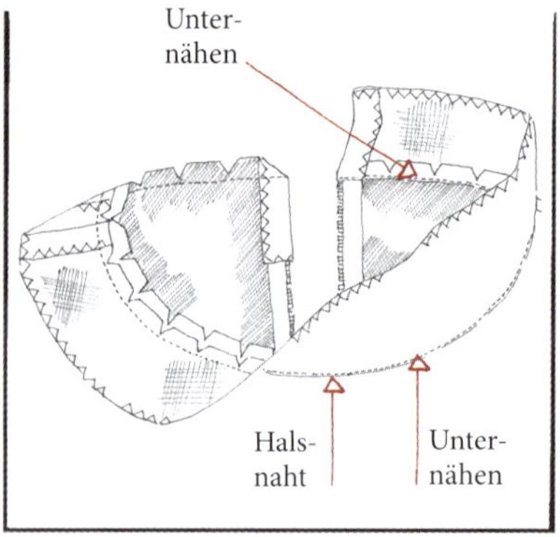

7 Unternähen Sie die Halsnaht, damit später der Beleg sicher im Inneren des Kleidungsstücks liegt. Nähen Sie dicht innerhalb der Nahtzugabe, nur durch Beleg und Kleidungsstoff. Pressen Sie den Beleg sorgfältig ins Innere des Kleidungsstücks.

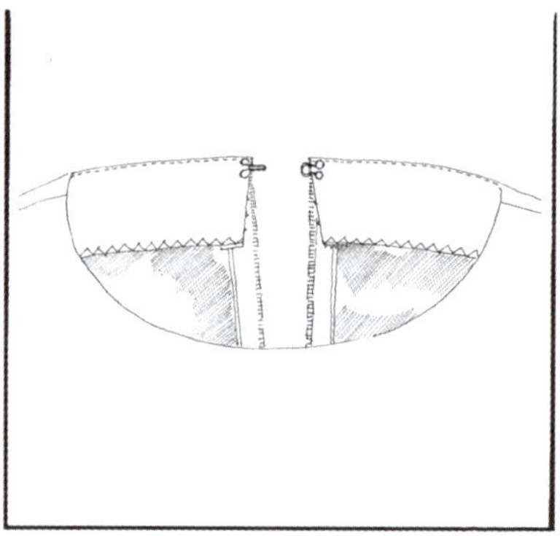

8 Falten Sie die kurzen Enden des Belegs nach innen und befestigen Sie sie mit Blindstichen. Prüfen Sie, ob der Reißverschluss frei beweglich ist. Vollenden Sie die Öffnung oberhalb des Reißverschlusses mit angenähtem Haken und Öse.

Unterschiedliche Arten von Halsausschnitten

Flacher Kragen
(Bubikragen)

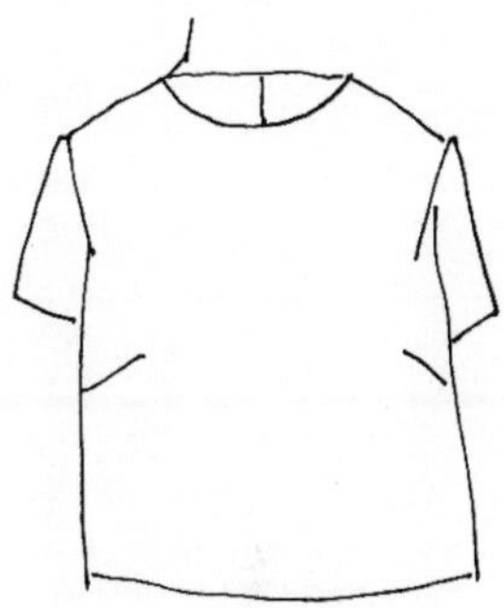

Halsausschnitt

Hemdkragen

BUBIKRAGEN

Ein Bubikragen liegt flach auf und ist rein dekorativ. Sie können ihn aus zwei Einzelteilen nähen oder aus einem Stück. In jedem Fall gibt es eine Unterseite und eine Oberseite. Die Unterseite wird mit einer Einlage verstärkt und ist ein bisschen kleiner zugeschnitten als die Oberseite, damit die Naht ein wenig unterhalb der Außenkante liegt.

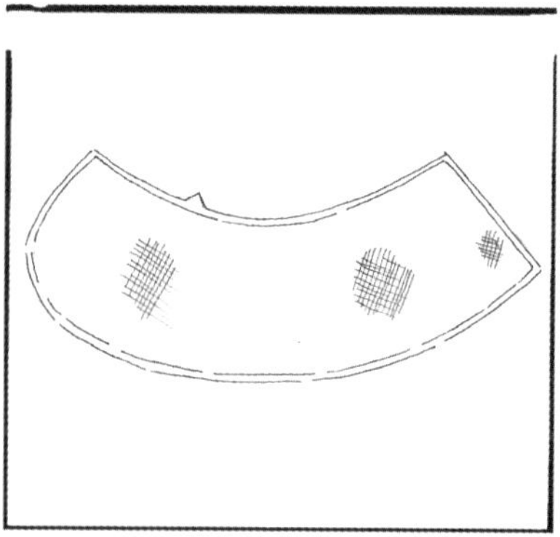

1 Bügeln Sie eine Einlage auf die linke Seite der beiden Kragenunterseiten.

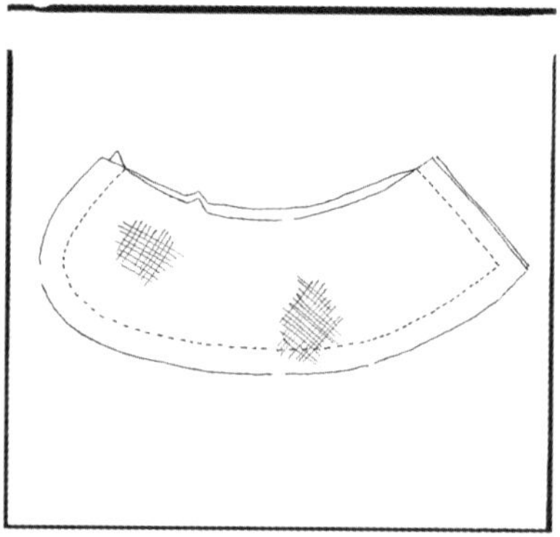

2 Nähen Sie die Oberseite und die Unterseite beider Teile an den Außenkanten aufeinander.

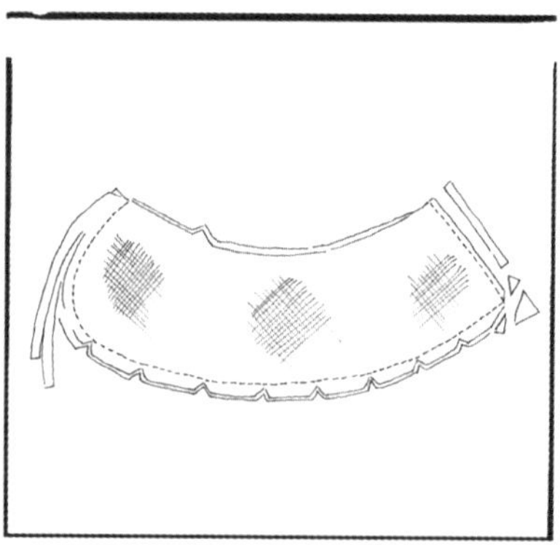

3 Schneiden Sie die rückwärtige Naht zurück, die Ecken der Nahtzugaben ab und die anderen Nahtzugaben einseitig zurück.

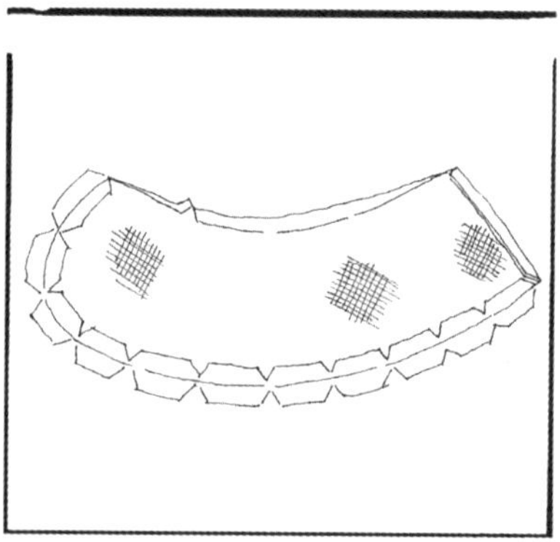

4 Schneiden Sie kleine Kerben aus der Nahtzugabe. Pressen Sie die Nahtzugaben auseinander.

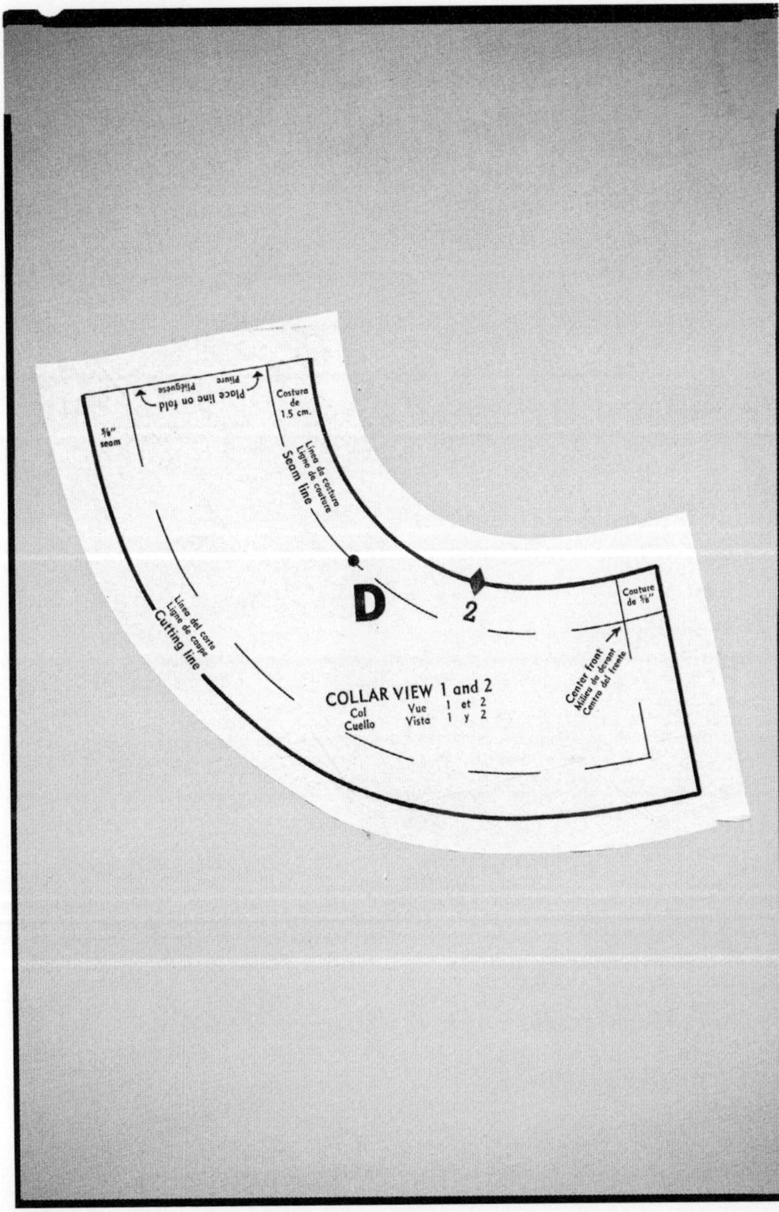
Place line on fold
Pliure
Pliéguese
5/8" seam
Costura de 1.5 cm.
Línea de costura
Ligne de couture
Seam line
D
2
Couture de 5/8"
Línea del corte
Ligne de coupe
Cutting line
Center front
Milieu du devant
Centro del frente
COLLAR VIEW 1 and 2
Col Vue 1 et 2
Cuello Vista 1 y 2

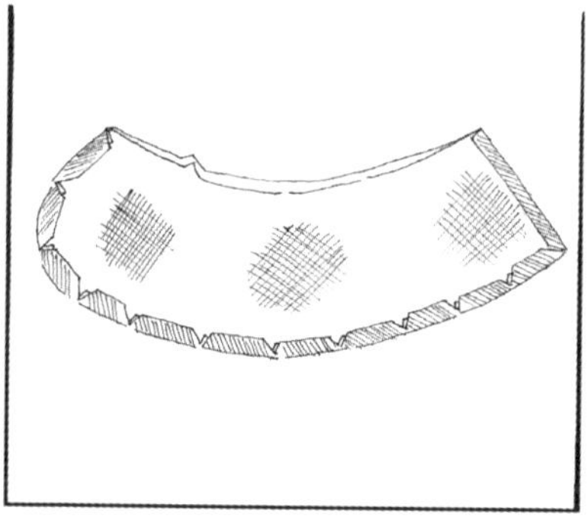

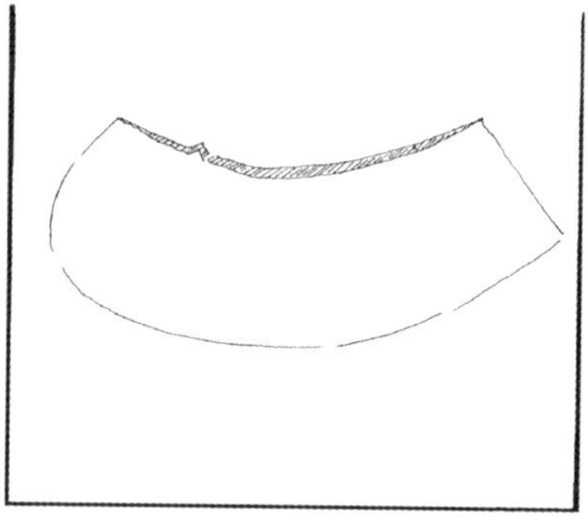

5 Pressen Sie die Nahtzugaben zur Unterseite des Kragens.

6 Wenden Sie den Kragen auf rechts. Die Oberseite ist etwas größer als die Unterseite. Pressen Sie den Kragen so, dass die Naht der Außenkante ein wenig in Richtung Unterseite verschoben wird.

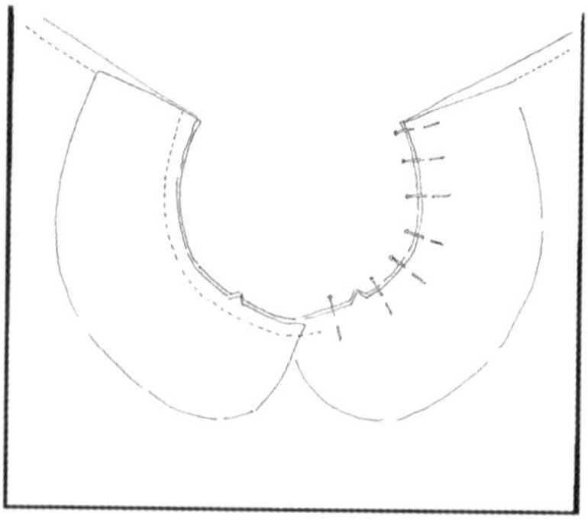

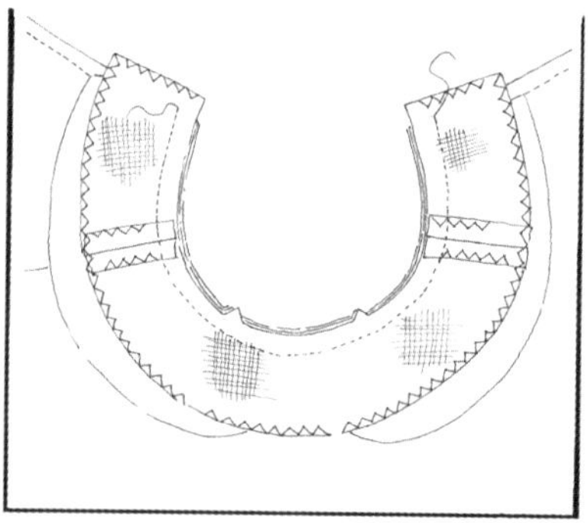

7 Stecken Sie die Kragenteile an die Halsnaht, die Kerbenmarkierungen treffen aufeinander. Die beiden vorderen Enden müssen sich an der Nahtzugabe ein wenig überlappen, aber an der Nahtlinie genau aneinanderstoßen. Nähen Sie den Kragen fest.

8 Nehmen Sie jetzt den Halsbeleg und bügeln Sie eine Einlage darauf. Versäubern Sie die Außenkante mit Zickzackstich. Stecken Sie jetzt den Halsbeleg rechts auf rechts an Kragen und Halsöffnung. Nähen Sie ihn fest.

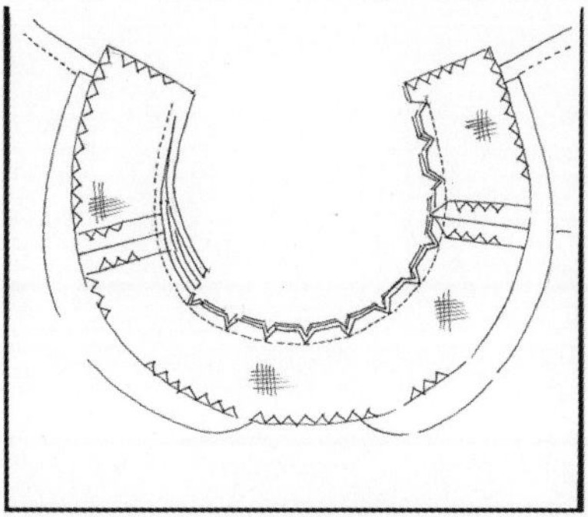

9 Schneiden Sie die Nahtzugaben einseitig zurück und Kerben heraus. Pressen Sie die Nahtzugaben zuerst auseinander und dann gemeinsam vom Halsausschnitt weg.

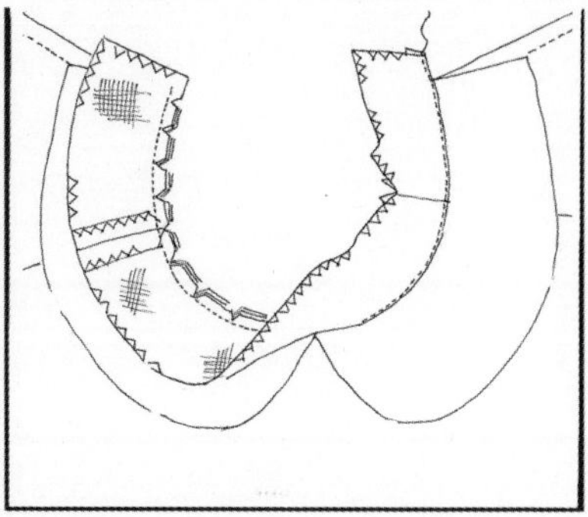

10 Unternähen Sie die Halsnaht (Beschreibung Seite 65).

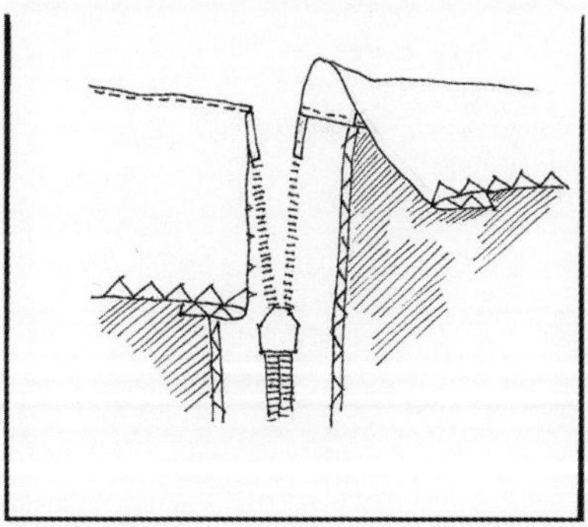

11 Falten Sie den Beleg über den Halsausschnitt nach innen und pressen Sie ihn. Falten Sie die seitlichen Kanten nach innen und nähen Sie sie mit Blindstichen fest.

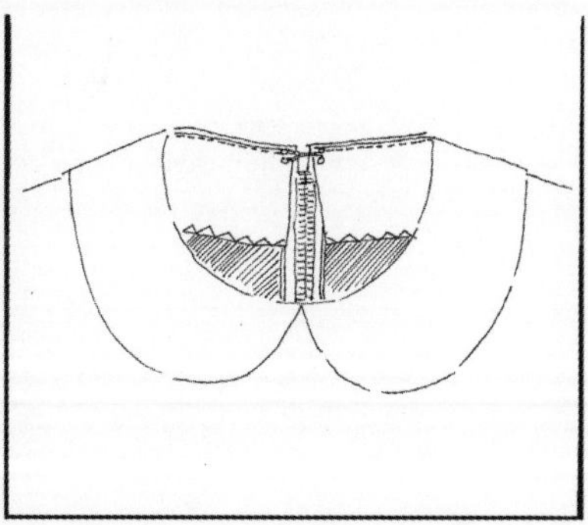

12 Nähen Sie nach Bedarf Haken und Öse an das obere Ende des Rückenverschlusses.

EINFACHER HEMDKRAGEN

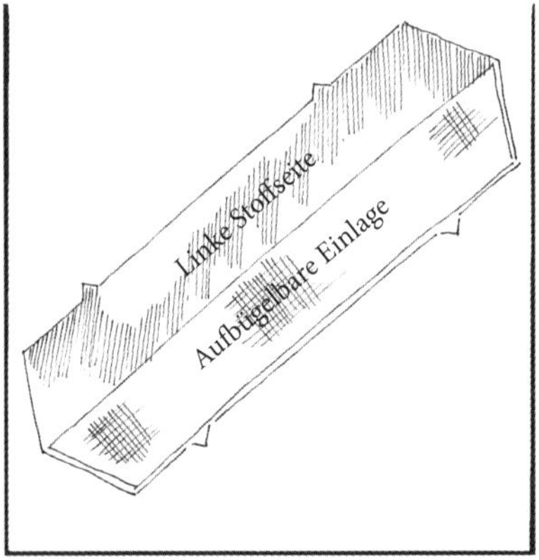

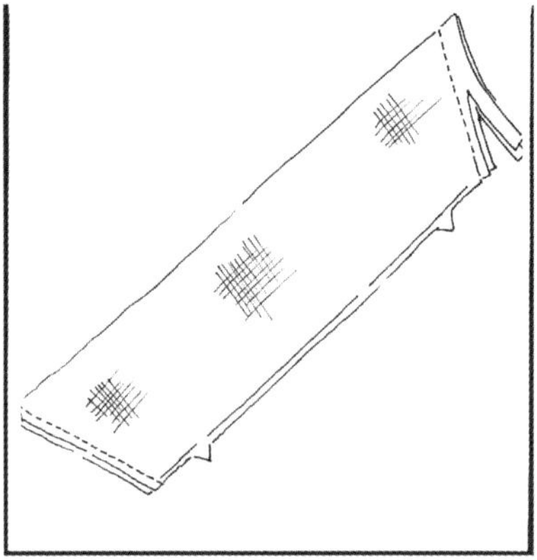

1 Legen Sie den zugeschnittenen Kragen mit der linken Stoffseite nach oben und bügeln Sie auf einer Längsseite die Einlage fest.

2 Falten Sie den Kragen längs durch die Mitte rechts auf rechts und nähen Sie entlang der beiden kurzen Kanten. Schneiden Sie die Nahtzugaben einseitig zurück, die kürzer geschnittene Seite ist die der Einlage. Schneiden Sie die Ecken der Nahtzugaben ab.

3 Pressen Sie die Nahtzugaben auseinander. Wenden Sie den Kragen auf rechts. Pressen Sie ihn sorgfältig mithilfe eines Bügeltuchs.

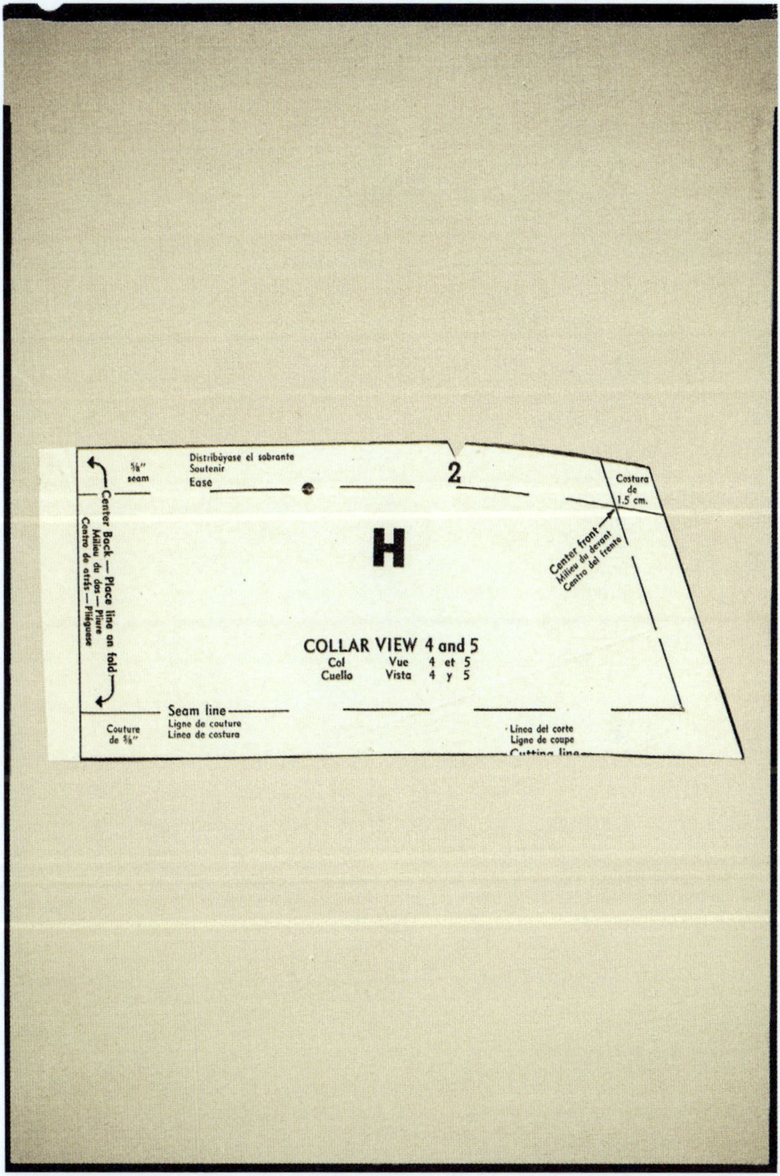

⅝" seam
Distribúyase el sobrante
Soutenir
Ease
2
Costura de 1.5 cm.
H
Center Back — Place line on fold
Milieu du dos — Pliure
Centro de atrás — Pliéguese
Center front
Milieu du devant
Centro del frente
COLLAR VIEW 4 and 5
Col Vue 4 et 5
Cuello Vista 4 y 5
Seam line
Ligne de couture
Línea de costura
Couture de ⅝"
Línea del corte
Ligne de coupe

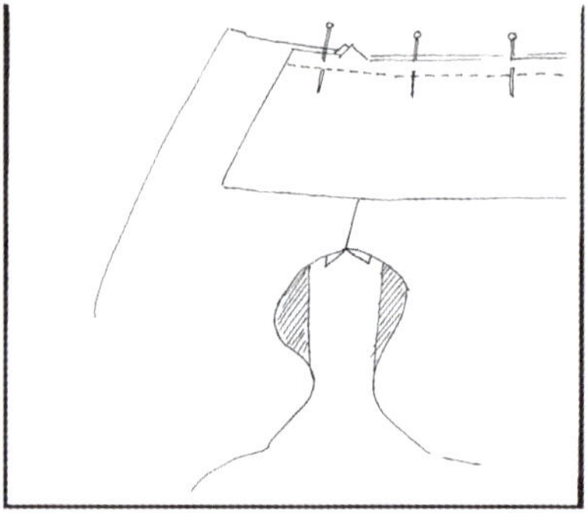

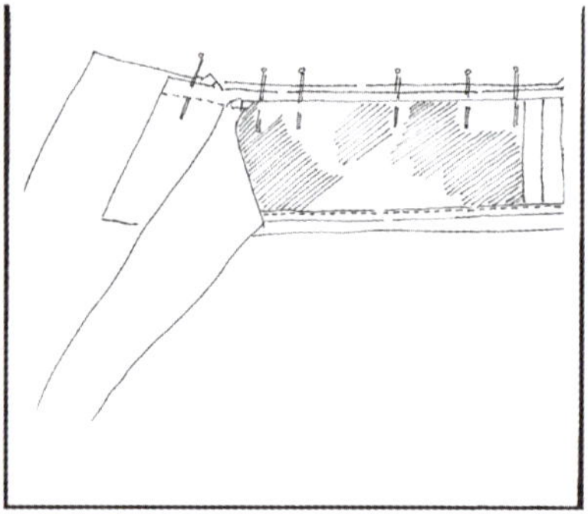

4 Den Kragen (Seite mit Einlage weist zum Kleidungsstück) am Halsausschnitt feststecken. Markierungen beachten! Eventuell die Nahtzugabe des Kragens einschneiden, damit er besser anliegt. Beginnen Sie in der hinteren Mitte und nähen Sie zu beiden Seiten bis an beide Enden. Bleiben Sie knapp innerhalb der Nahtzugabe.

5 Schneiden Sie den Beleg zu und versäubern Sie dessen Außenkante. Stecken Sie ihn über den Kragen, alle Markierungen aufeinandertreffend.

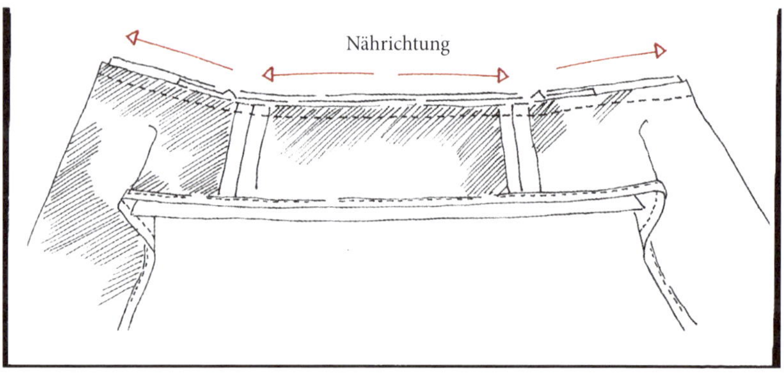

6 Beginnen Sie jeweils in der hinteren Mitte. Nähen Sie knapp innerhalb der Nahtzugabe entlang bis an beide Enden des Belegs. So werden Kragen und Beleg gleichzeitig befestigt.

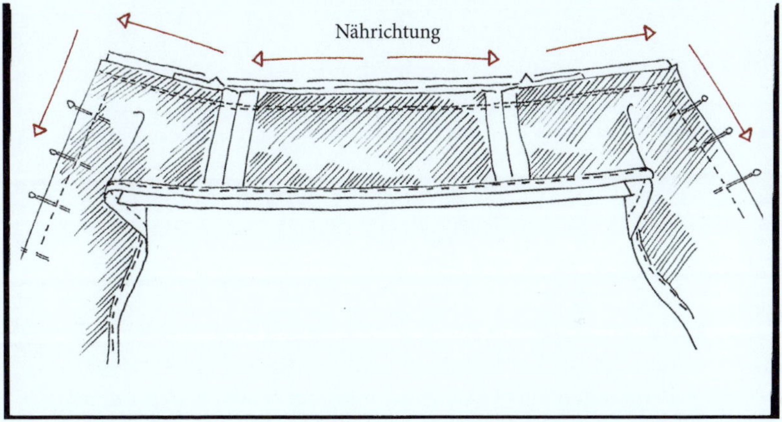

7 Beginnen Sie wieder in der hinteren Mitte und nähen Sie auf der Nahtzugabe entlang. Am Wendepunkt drehen Sie den Stoff in die gewünschte Richtung. Legen Sie die Stoffkanten aufeinander und nähen Sie die beiden vorderen Nähte.

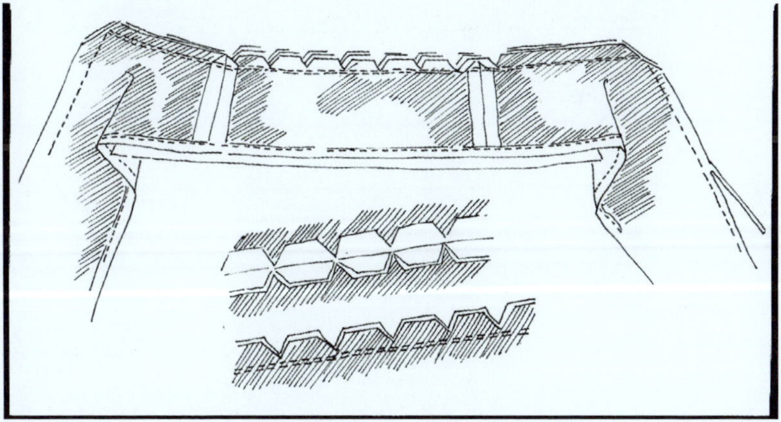

8 Schneiden Sie entlang des Nackenbereichs kleine Kerben durch alle Nahtzugaben. Schneiden Sie die vorderen Nahtzugaben zurück. Pressen Sie die Nahtzugaben auseinander und dann in Richtung des Kragens.

HOSEN

Wenn Sie eine Hose nähen möchten, dann dürfen Sie nicht vergessen, dass auf die Schrittnaht ein rechtes und ein linkes Hosenbein treffen muss. Das klingt selbstverständlich. Wie immer gibt es eine einfache Nähtechnik, die Ihnen Zeit und Mühe erspart, ganz besonders, wenn es die Welt der Reiß- und Hosenverschlüsse betrifft.

HOSE ZUSAMMENSETZEN

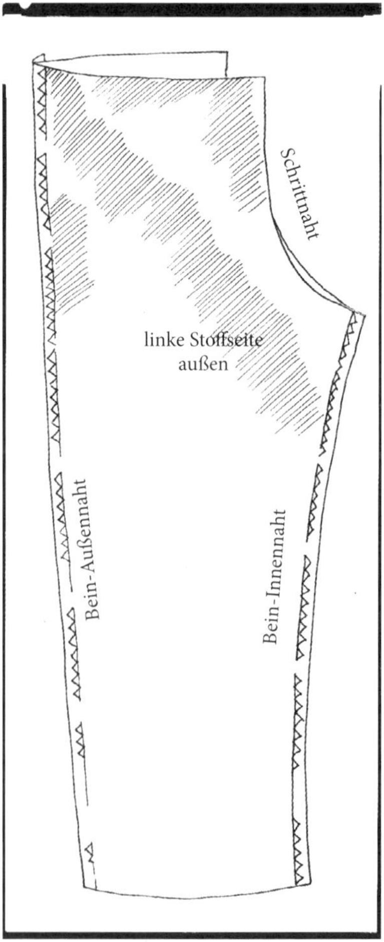

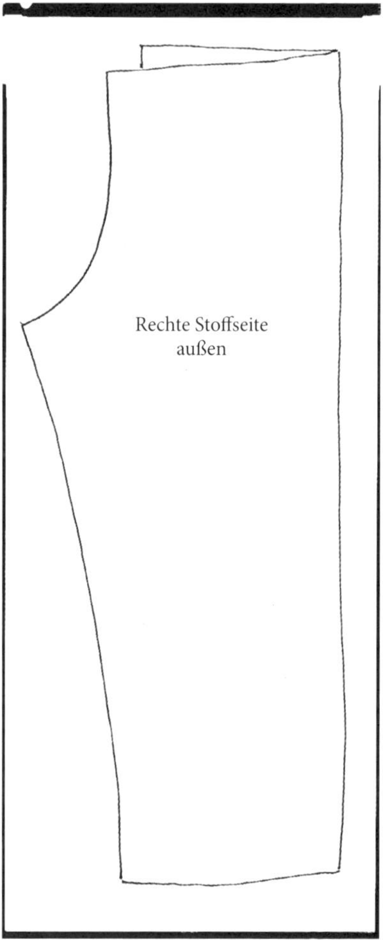

1 Nähen Sie jeweils die Innen- und die Außennaht jedes Hosenbeins. Pressen Sie die Nahtzugaben auseinander und versäubern Sie sie mit Zickzackstich.

2 Wenden Sie eines der Hosenbeine auf rechts und lassen Sie das andere auf links.

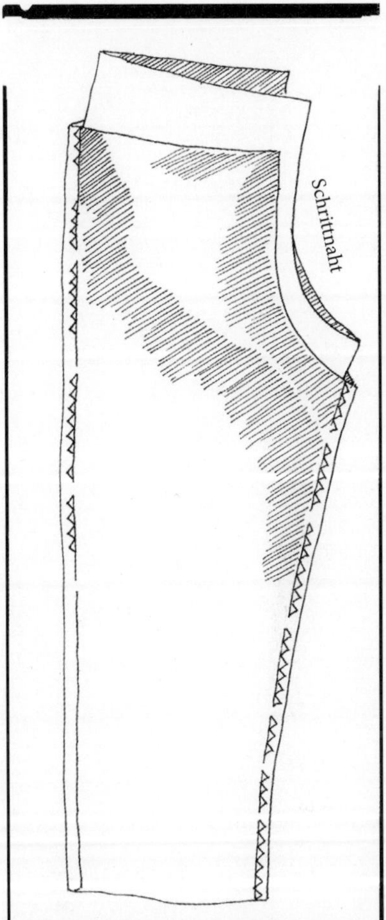

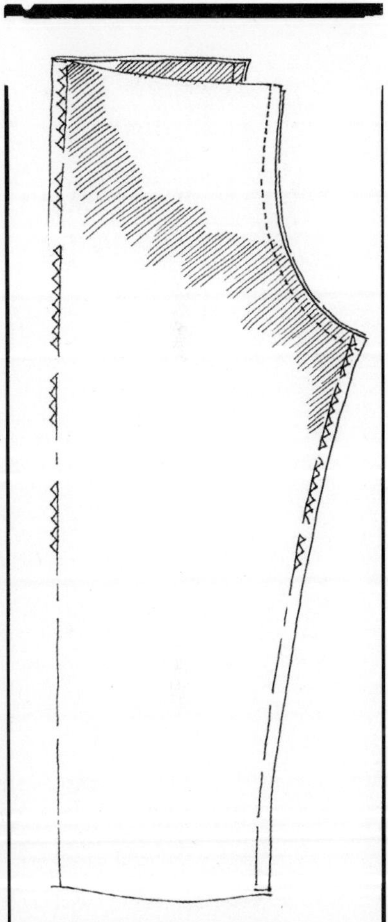

3 Schieben Sie das gewendete Hosenbein in das andere, sodass beide rechts auf rechts liegen. Passen Sie die Innennähte aufeinander, die Nahtzugaben sind auseinandergedrückt. Stecken Sie auch die Markierungskerben passgenau aufeinander.

4 Stecken und nähen Sie die Schrittnaht.

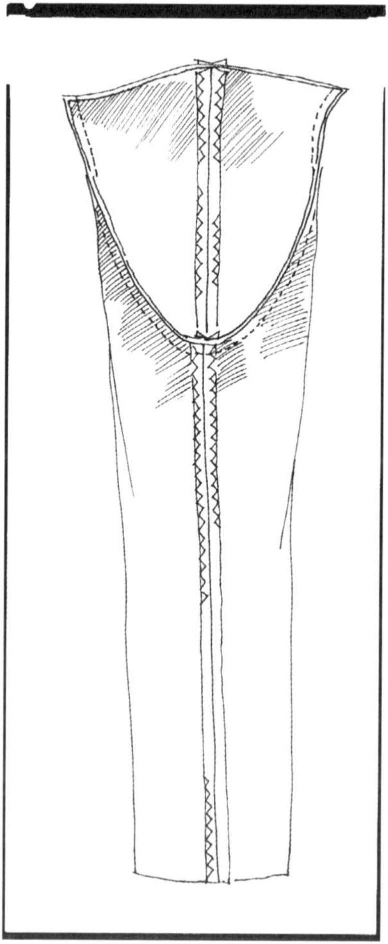

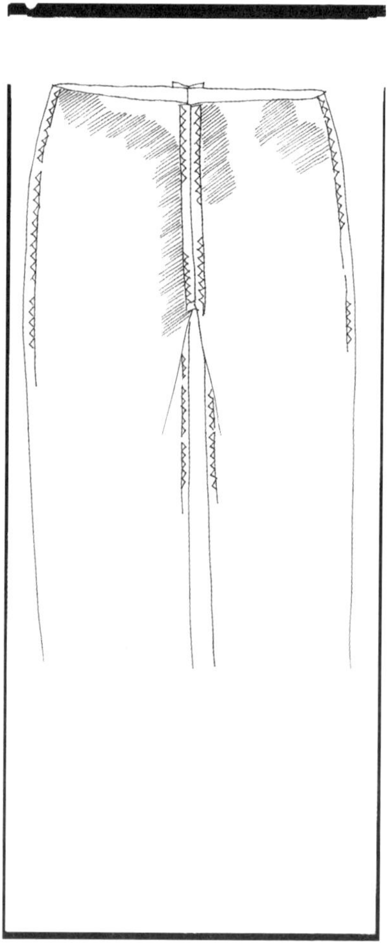

5 Ziehen Sie das innen liegende Hosenbein heraus.

6 Pressen Sie die Nahtzugaben auseinander und versäubern Sie sie mit Zickzackstich.

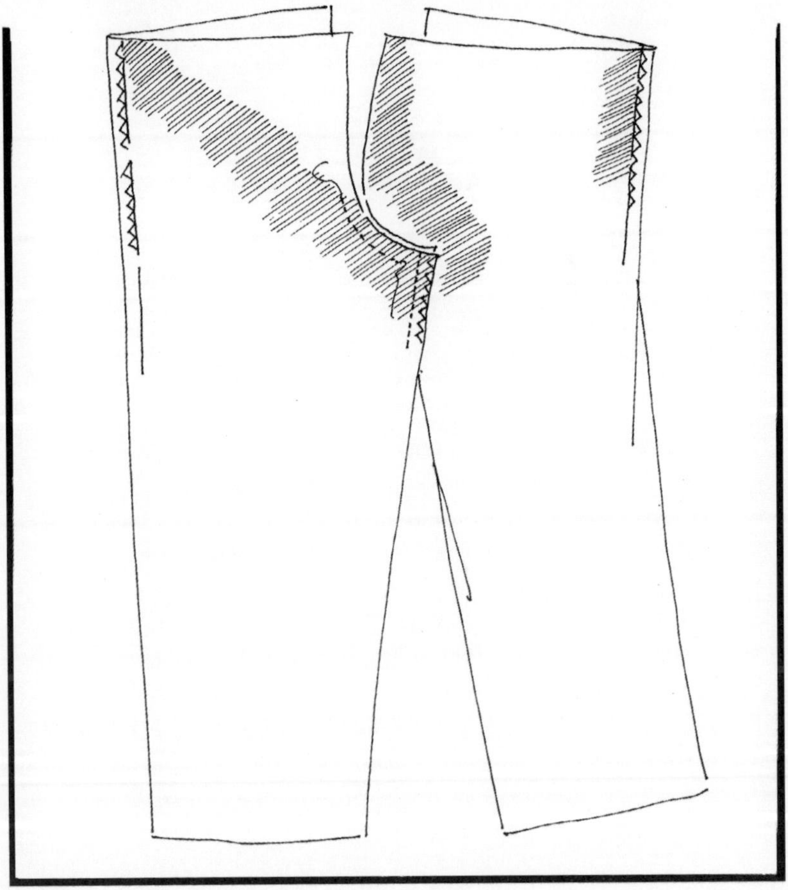

7 Ist ein vorderer Reißverschluss einzunähen, wird auf dem Schnittmuster angegeben, wie weit Sie die Schrittnaht schließen müssen. Auf diese Weise können Sie den Reißverschluss flach einnähen, was viel einfacher ist.

TASCHEN

Natürlich ist es einfach, ein Kleidungsstück ganz ohne Taschen zu nähen. Aber Taschen sind praktisch, bequem und sehen gut aus.

Am einfachsten gehen Taschen, die in Seitennähte eingearbeitet sind. Der Erfolg (oder Misserfolg) hängt von der korrekten Richtung der Nähte und dem richtigen Einschneiden der Nahtzugaben ab, damit alles sauber und glatt anliegt.

Aufgesetzte Taschen sind reizvoll, aber ein wenig schwieriger zu nähen, denn Sie müssen im sichtbaren Bereich sorgfältig und gleichmäßig steppen. Ungenauigkeiten fallen sofort auf. Bevor Sie also eine aufgesetzte Tasche nähen, prüfen Sie besser, ob sich der gewählte Stoff sauber absteppen lässt. Suchen Sie auch die passende Fadenfarbe aus – dies ist besonders wichtig bei gemusterten Stoffen. Die falsche Wahl lässt eine Tasche amateurhaft aussehen und entmutigt Näherin oder Näher.

TASCHE IN DER SEITENNAHT

Am bequemsten ist es, eine Seitentasche beim Zuschnitt gleichzeitig anzuschneiden und mit einer durchgehenden Naht direkt in die Seitennaht einzunähen. Dies bedeutet aber einen deutlich höheren Stoffverbrauch. Ein separat angenähtes Taschenteil ist eine gute Alternative. Die Technik des Einnähens ist die gleiche.

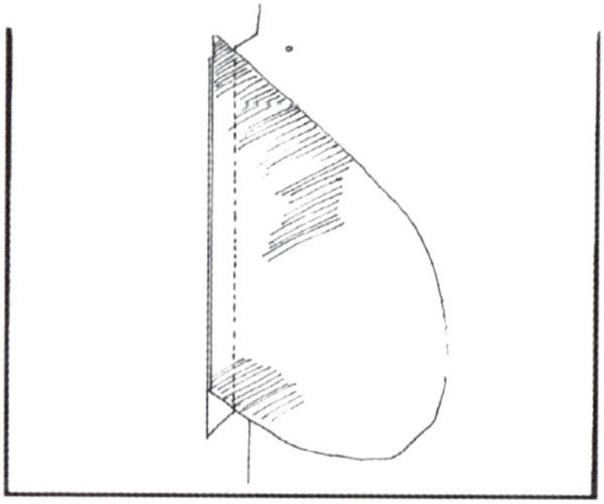

1 Nähen Sie alle zugeschnittenen Taschenteile rechts auf rechts an die Ansatzstreifen des Kleidungsstücks.

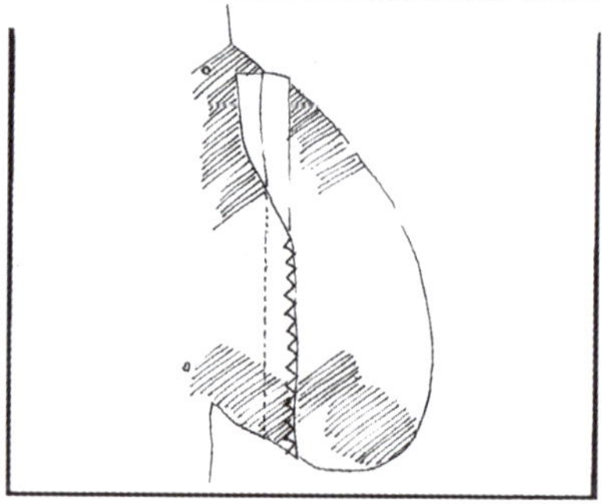

2 Nahtzugaben zuerst auseinanderpressen, dann in Richtung Tasche. Nahtzugaben versäubern.

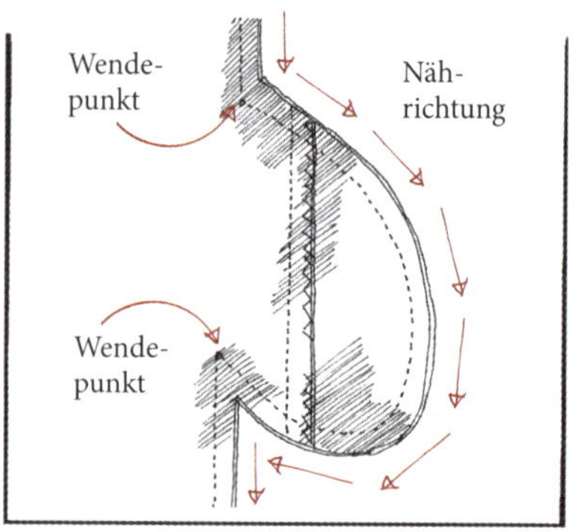

3 Seitennaht und Außenkanten der Tasche aufeinanderstecken und die Seitennaht bis zum Wendepunkt schließen. Drehen Sie die Arbeit und nähen Sie weiter bis zum nächsten Wendepunkt. Schließen Sie den Rest der Seitennaht.

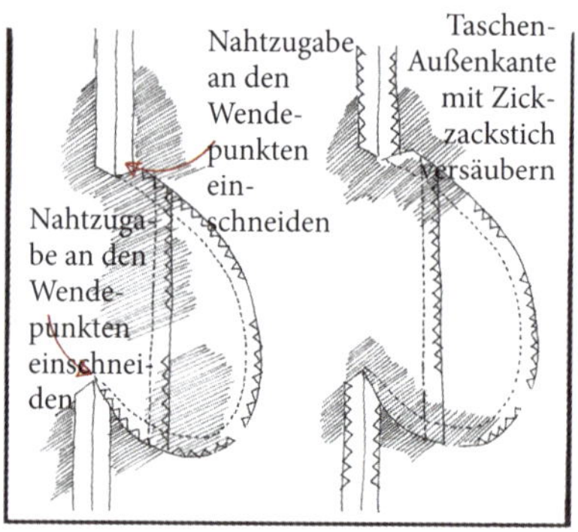

4 Nahtzugabe oberhalb und unterhalb der Tasche einschneiden, damit Sie die Nahtzugaben der Seitennaht auseinanderpressen können. Versäubern Sie die Nahtzugaben an der Außenkante der Tasche gemeinsam mit Zickzackstich.

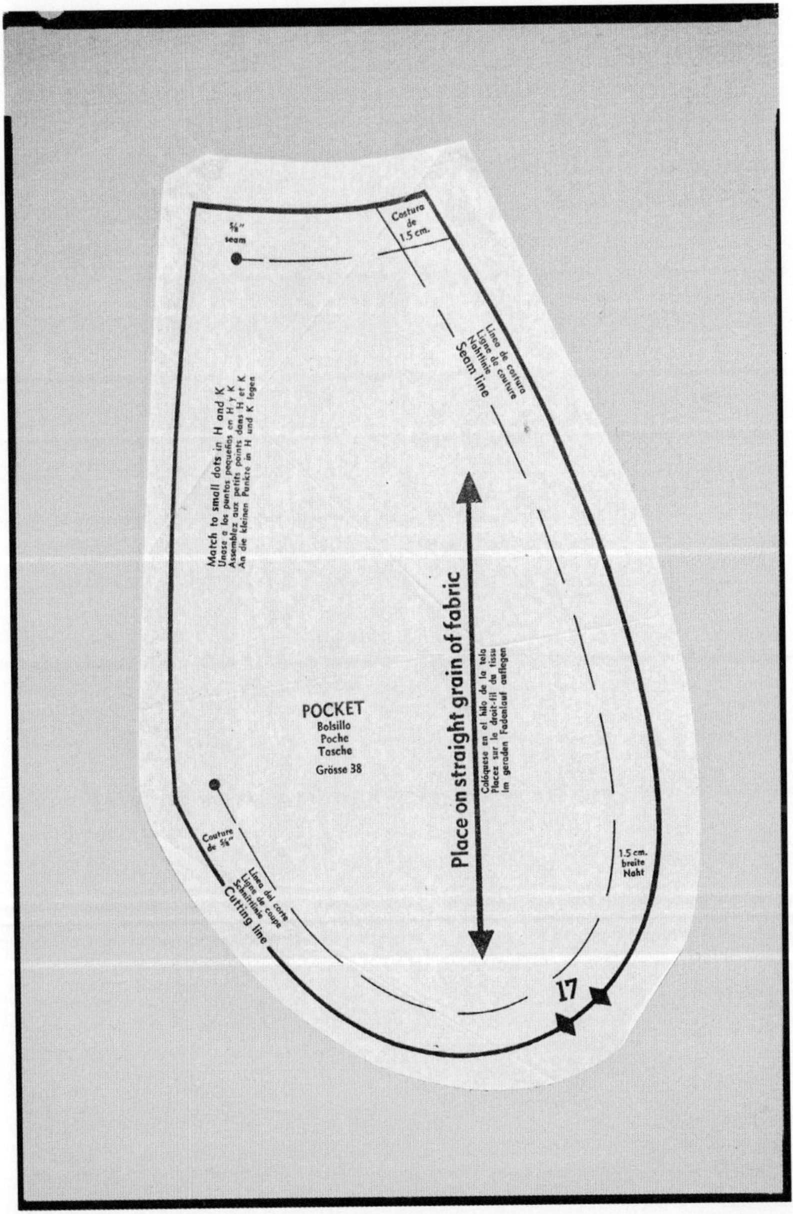
POCKET
Bolsillo
Poche
Tasche
Grösse 38
Place on straight grain of fabric
Colóquese en el hilo de la tela
Placez sur le droit-fil du tissu
Im geraden Fadenlauf auflegen
Match to small dots in H and K
Unase a los puntos pequeños en H y K
Assemblez aux petits points dans H et K
An die kleinen Punkte in H und K legen
Seam line
Linea de costura
Ligne de couture
Nahtlinie
Cutting line
Linea del corte
Ligne de coupe
Schnittlinie
5/8" seam
Costura de 1.5 cm.
Couture de 5/8"
1.5 cm. breite Naht
17

AUFGESETZTE TASCHEN

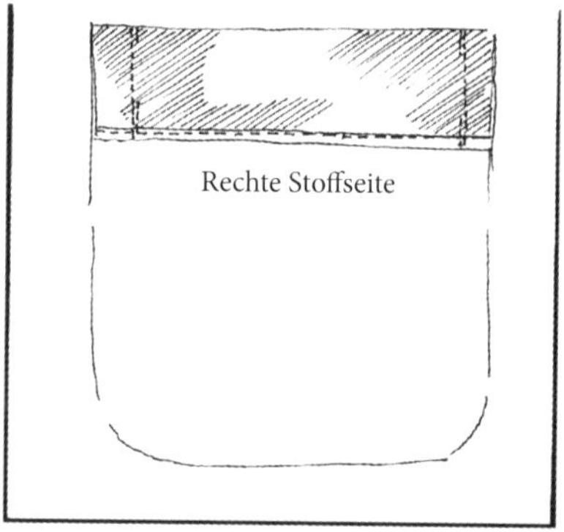

1 Obere Stoffkante nach links falten und festnähen. Falten Sie die Oberkante der Tasche als Umschlag rechts auf rechts und nähen Sie die beiden kurzen Kanten fest. Sichern Sie die Nahtenden mit Rückstichen.

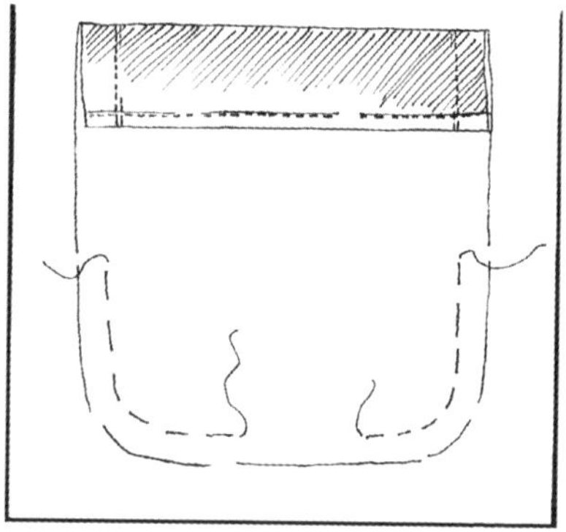

2 Nähen Sie mit dem längsten Stich der Nähmaschine lockere Heftstiche an den beiden unteren runden Ecken entlang, knapp innerhalb der Nahtzugabe.

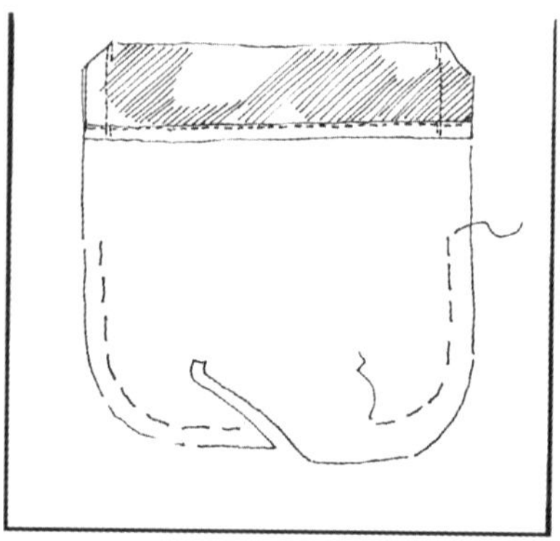

3 Schneiden Sie die Nahtzugaben an den Rundungen schmaler und die beiden oberen Ecken ab. Wenden Sie den Umschlag auf rechts und drücken Sie die Ecken heraus.

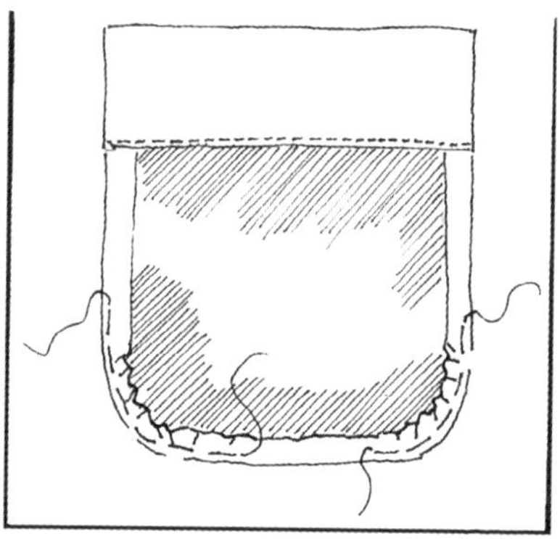

4 Pressen Sie die Nahtzugabe nach innen und ziehen Sie sanft an den Heftstichen, damit sich die Kurve weich legt. Pressen Sie die Außenkanten der Tasche.

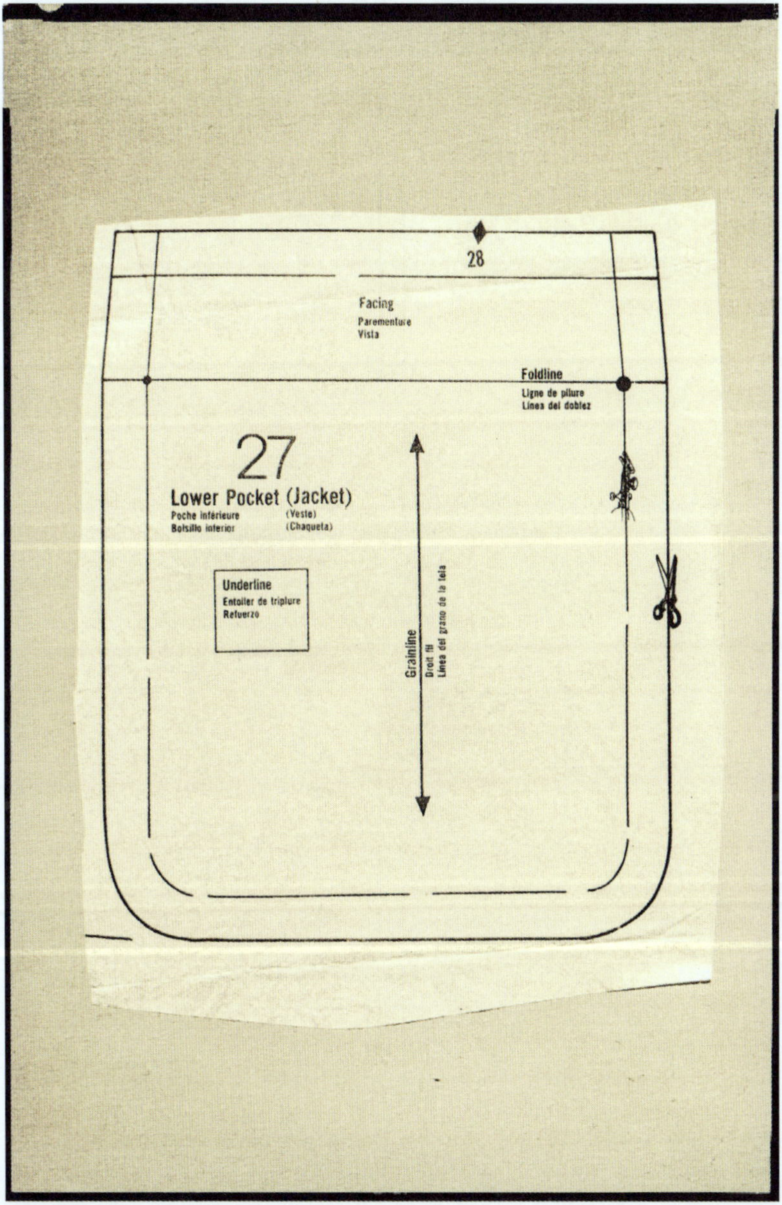
28
Facing
Parementure
Vista
Foldline
Ligne de pliure
Linea del doblez
27
Lower Pocket (Jacket)
Poche inférieure (Veste)
Bolsillo inferior (Chaqueta)
Underline
Entoiler de triplure
Refuerzo
Grainline
Droit fil
Linea del grano de la tela

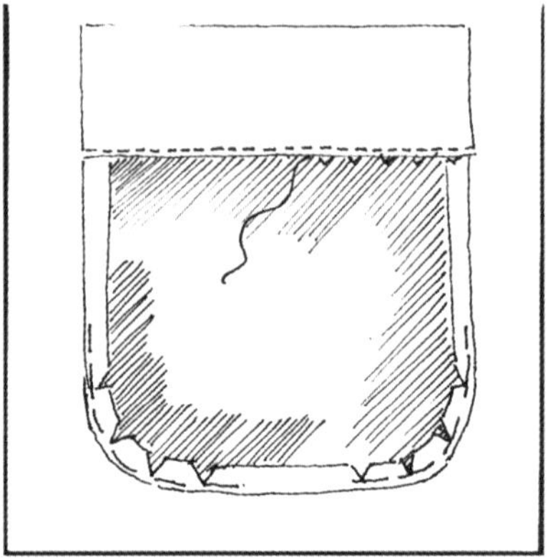

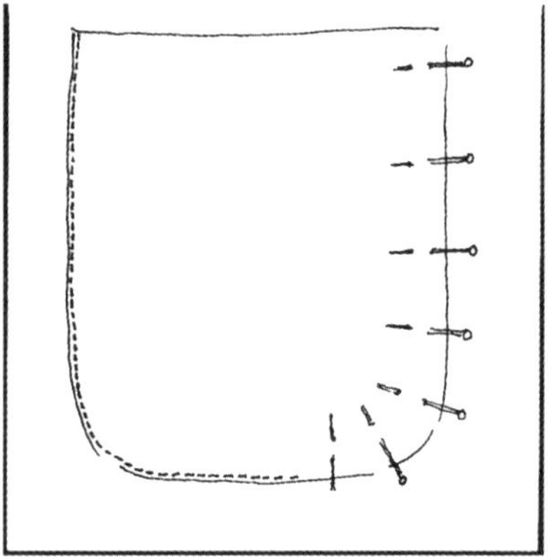

5 Schneiden Sie Kerben aus der Nahtzugabe. Nähen Sie den Taschenumschlag mit Blindstichen fest. Pressen Sie die Vorderseite der Tasche mithilfe eines Bügeltuchs.

6 Stecken Sie die Tasche genau auf die im Schnittmuster vorgesehene Stelle des Kleidungsstücks. Steppen Sie so knapp wie möglich an der Taschenkante entlang. Ziehen Sie die Stecknadeln heraus, kurz bevor sie unter die Maschinennadel geraten.

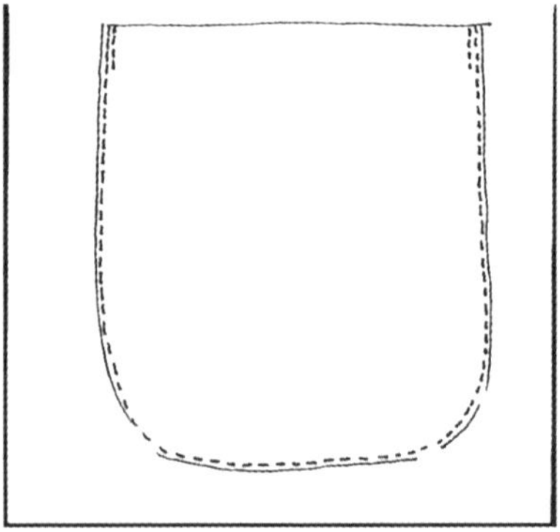

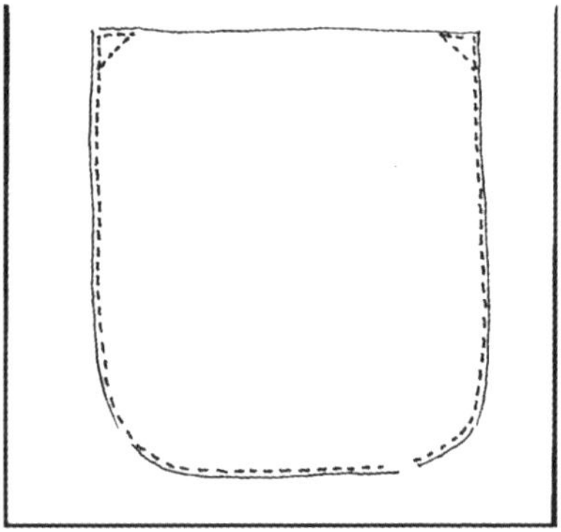

7 Verstärken Sie die oberen beiden Ecken entweder mit Rückstichen (Abbildung links) oder mit zwei gleich aussehenden Dreiecksnähten (Abbildung rechts).

REISS-
VERSCHLÜSSE

Der kleine, unscheinbare Reißverschluss ist eine geniale Erfindung und unglaublich praktisch. Obwohl er meist im Stoff verborgen ist, löst das Einnähen bei Anfängerinnen schnell Panikgefühle aus. Wir zeigen Ihnen unsere Methode und einfache Grundtechniken. Schon sind Sie im Nu damit fertig. Sie brauchen einen Reißverschlussfuß für die Nähmaschine. Dieser Spezialfuß hat eine Kerbe an jeder Seite und kann von rechts nach links geschoben werden, damit Sie jeweils ganz dicht an den Zähnen des Reißverschlusses entlangnähen können.

BEIDSEITIG VERDECKTER REISSVERSCHLUSS

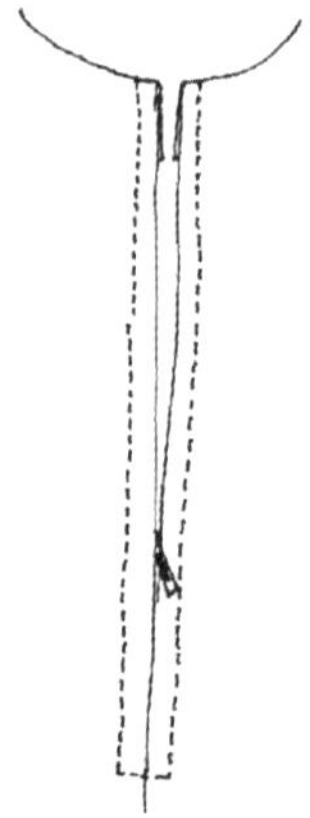

Verdeckter Reißverschluss

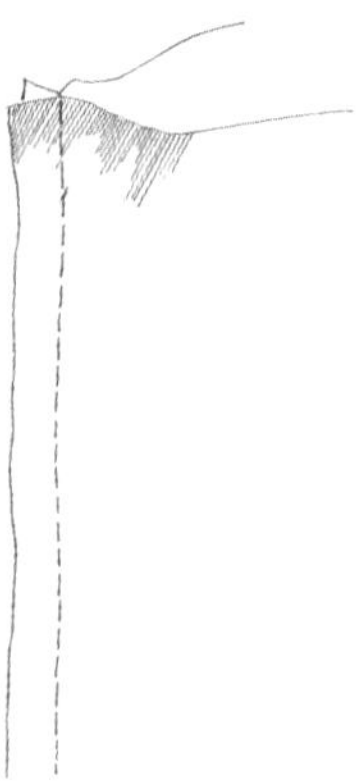

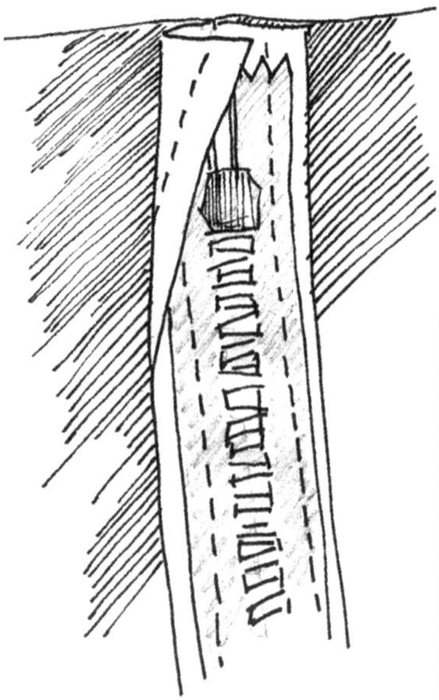

1 Mit normalem Nähfuß schließen Sie zuerst die Naht bis hin zur Reißverschlussmarkierung. Den längsten Stich der Nähmaschine einstellen und Rest der Naht schließen. Pressen Sie die Nahtzugaben auseinander.

2 Reißverschlussfuß einsetzen. Legen Sie den geschlossenen Reißverschluss mit der rechten Seite nach unten auf die Nahtzugabe der geschlossenen Naht. Die Zähne müssen exakt auf der Naht liegen.

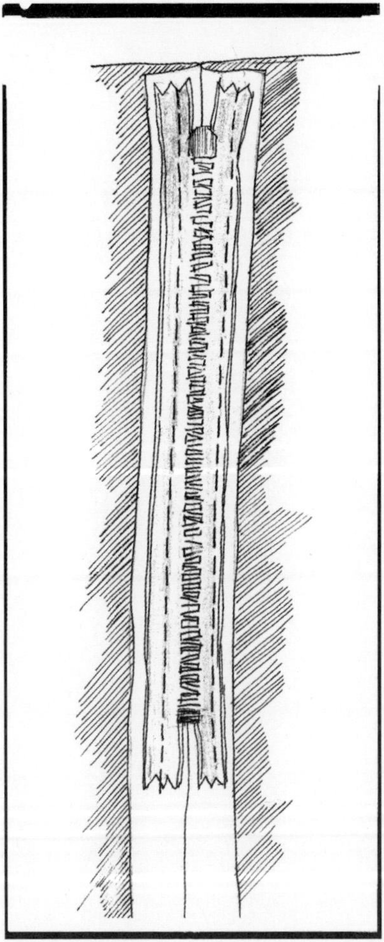

3 Nähen Sie jede Seite des Reißverschlusses fest, aber nur auf der Nahtzugabe. Dies hält den Reißverschluss in seiner Position.

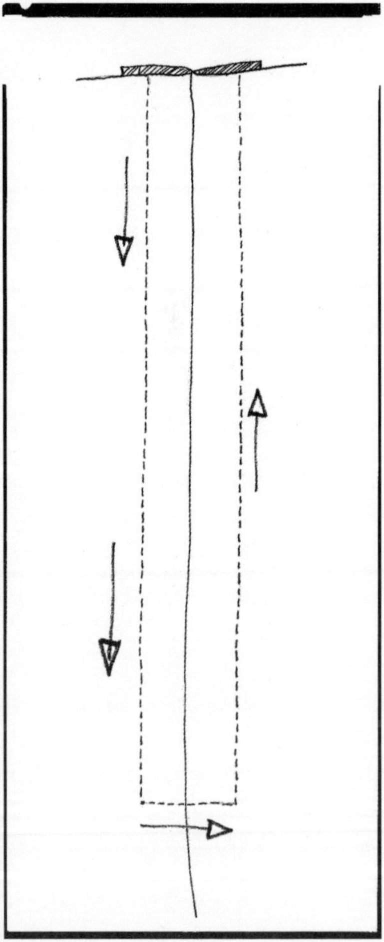

4 Arbeiten Sie nun von der Vorderseite her. Steppen Sie den Reißverschluss ein, wie auf der Abbildung gezeigt. Öffnen Sie die lose genähte Naht mithilfe eines Pfeiltrenners.

EINSEITIG VERDECKTER REISSVERSCHLUSS

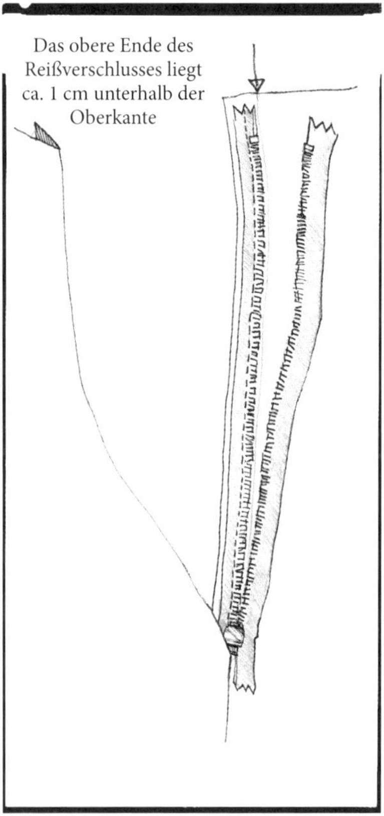

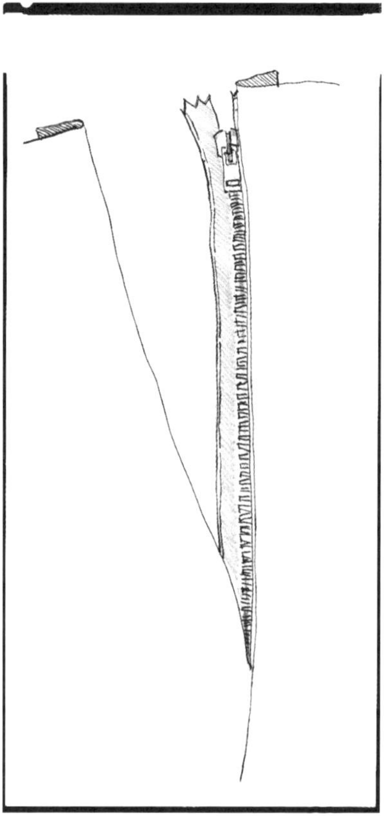

1 Die Naht bis zur Reißverschlussmarkierung schließen. Nahtzugaben auseinanderpressen, entlang der gesamten Naht und bis ganz nach oben. Legen Sie den geöffneten Reißverschluss mit der rechten Seite nach unten auf die rechte Stoffseite. Schieben Sie das untere Ende des Reißverschlusses zwischen die Naht. Die Zähne müssen genau entlang der Stoffkante liegen. Nähen Sie so nahe wie möglich an der Verzahnung entlang.

2 Drehen Sie das Kleidungsstück um und prüfen Sie, ob die gegenüberliegende Stoffkante sauber über dem Verschluss liegt.

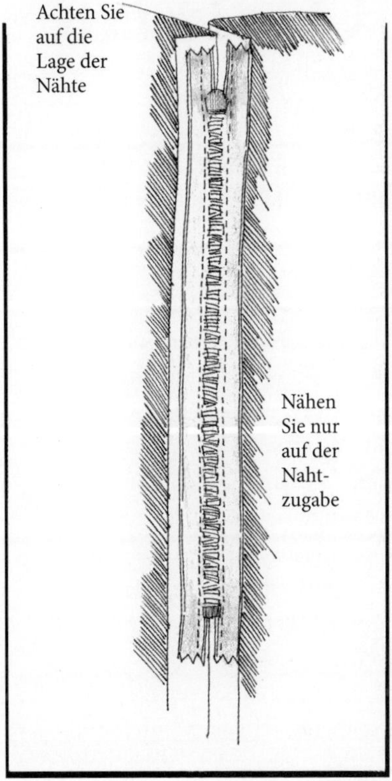

3 Drehen Sie das Kleidungsstück wieder um und nähen Sie die andere Seite des Reißverschlusses wieder nur in der Nahtzugabe fest. Nähen Sie nicht auf die Vorderseite durch. Drehen Sie das Kleidungsstück erneut. Wenn nötig, heften Sie die überlappte Naht, damit beim Nähen nichts verrutscht. Entfernen Sie nach dem Nähen die Heftfäden.

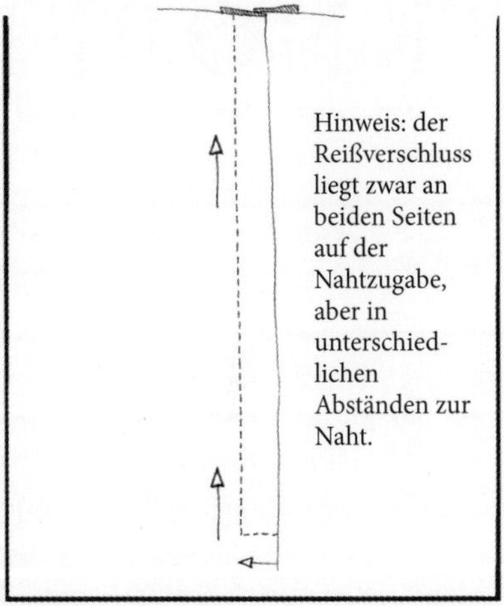

4 Steppen Sie auf der Vorderseite. Beginnen Sie am unteren Ende des Reißverschlusses. Nähen Sie zuerst quer über das Ende und heben Sie den Nähfuß an (die Nadel bleibt im Stoff stecken), wenden Sie die Arbeit und senken Sie den Nähfuß. Dann nähen Sie bis zum oberen Ende.

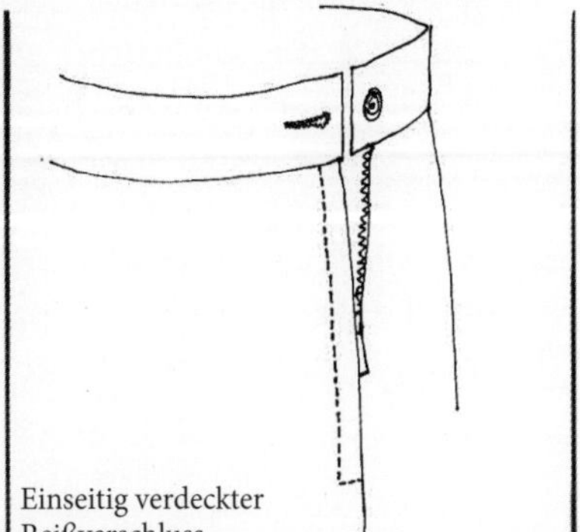

KNOPFLÖCHER

Knopflöcher sind nicht schwierig, aber sie sind ein sichtbares Element auf dem Kleidungsstück und zeigen Ihr näherisches Können. Arbeiten Sie also mit größter Sorgfalt. Es gibt verschiedene Methoden, vom handgenähten Knopfloch bis zum computergesteuert genähten Maschinenknopfloch. Die von uns gezeigte Methode ist glücklicherweise auch die einfachste: das maschinengenähte Knopfloch. Alle modernen Nähmaschinen besitzen eine Knopflochautomatik, die leicht zu handhaben ist.

Ein maschinengenähtes Knopfloch ist ein Schlitz im Stoff, an dem rechts und links zwei dichte Zickzacknähte entlanglaufen. Es wird gleichzeitig durch den Stoff und die vorhandene Einlage genäht. An jedem Ende befindet sich ein Riegel aus breiteren Zickzackstichen. Die Öffnung des Knopflochs wird erst nach dem Nähen aufgeschnitten, entweder mit dem Trennmesser oder mit einer feinen Knopflochschere, die sehr scharf und spitz ist, extra für diesen Zweck.

Wenn Sie mit dem Papierschnitt arbeiten, übertragen Sie die Lage der Knopflöcher mit Schneiderschlaufen oder mit Kreide auf den Stoff. Passen Sie auf, dass während der gesamten Arbeit diese Markierungen erhalten bleiben.

Wenn Sie unsicher sind, arbeiten Sie zuerst ein Probeknopfloch auf einem Stoffrest, bevor Sie an das gute Kleidungsstück gehen. Ein Knopfloch aufzutrennen ist kein Vergnügen, denn die dichten Stiche lassen sich nur schwer lösen.

KNOPFLOCHMARKIERUNGEN AM SCHNITTMUSTER

→ Hinweis: Ein Knopfloch muss auf der linken Stoffseite immer mit einer Einlage versehen sein. Sie verstärkt den Stoff und hält die Stiche gut.

→ Bei Damenkleidung mit Frontverschluss werden die Knopflöcher auf die rechte Seite eines Kleidungsstücks genäht. Wird das Kleidungsstück am Rücken geschlossen, näht man sie auf die linke Seite.

→ Waagrecht liegende Knopflöcher sind die sichersten. Senkrecht stehende Knopflöcher werden für Hemden benutzt, an die sehr kleine Knöpfe angenäht sind.

→ Die Lage der Knöpfe befindet sich mindestens einen dreiviertel Durchmesser des Knopfes von der Stoffkante entfernt.

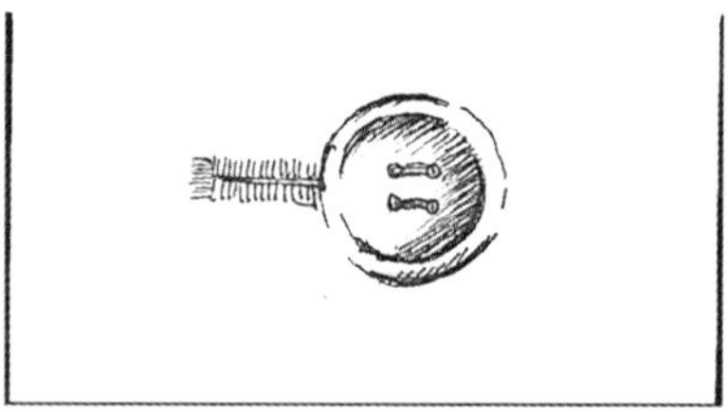

Knopflöcher können entweder waagrecht oder senkrecht liegen.

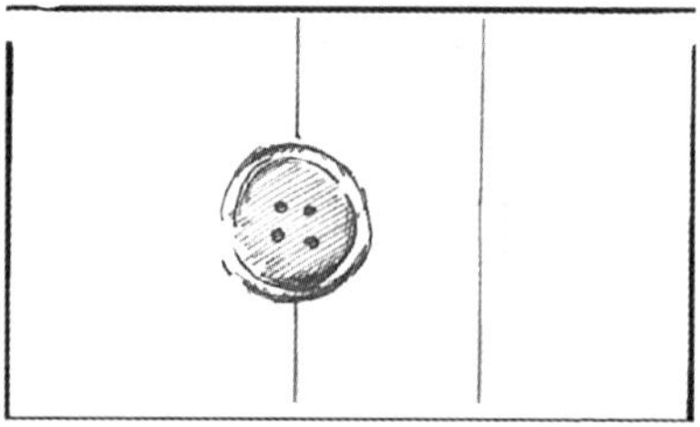

Knöpfe werden genau auf die vordere Knopflinie genäht. Das bedeutet, dass das dazugehörige Knopfloch so versetzt gearbeitet werden muss, dass der Knopf nach dem Zuknöpfen am Ende des Knopfloches sitzt.

KNOPFLÖCHER MARKIEREN

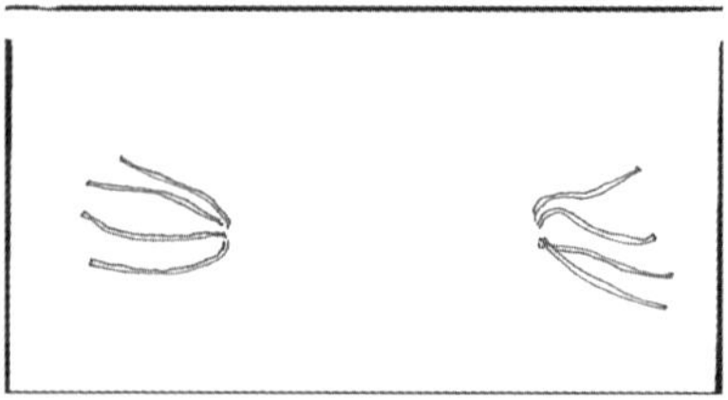

1 Übertragen Sie das Knopfloch mit Schneiderschlaufen vom Papierschnitt auf den Stoff. Dann zeichnen Sie das Knopfloch mit Kreide nach.

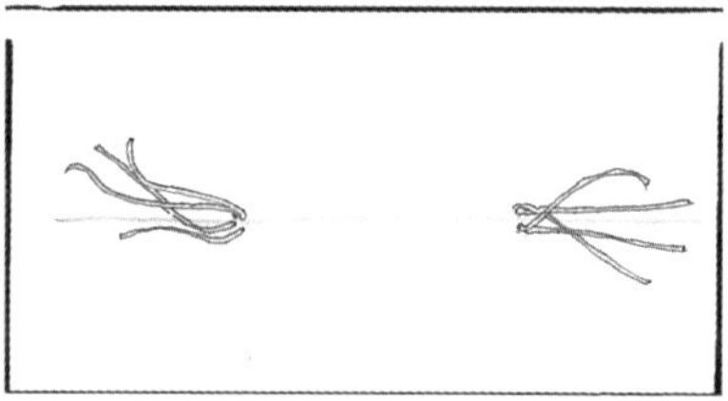

2 Verlängern Sie die Linien nach außen, damit Sie während des Nähens die Markierungslinien auf beiden Seiten des Nähfüßchens sehen können.

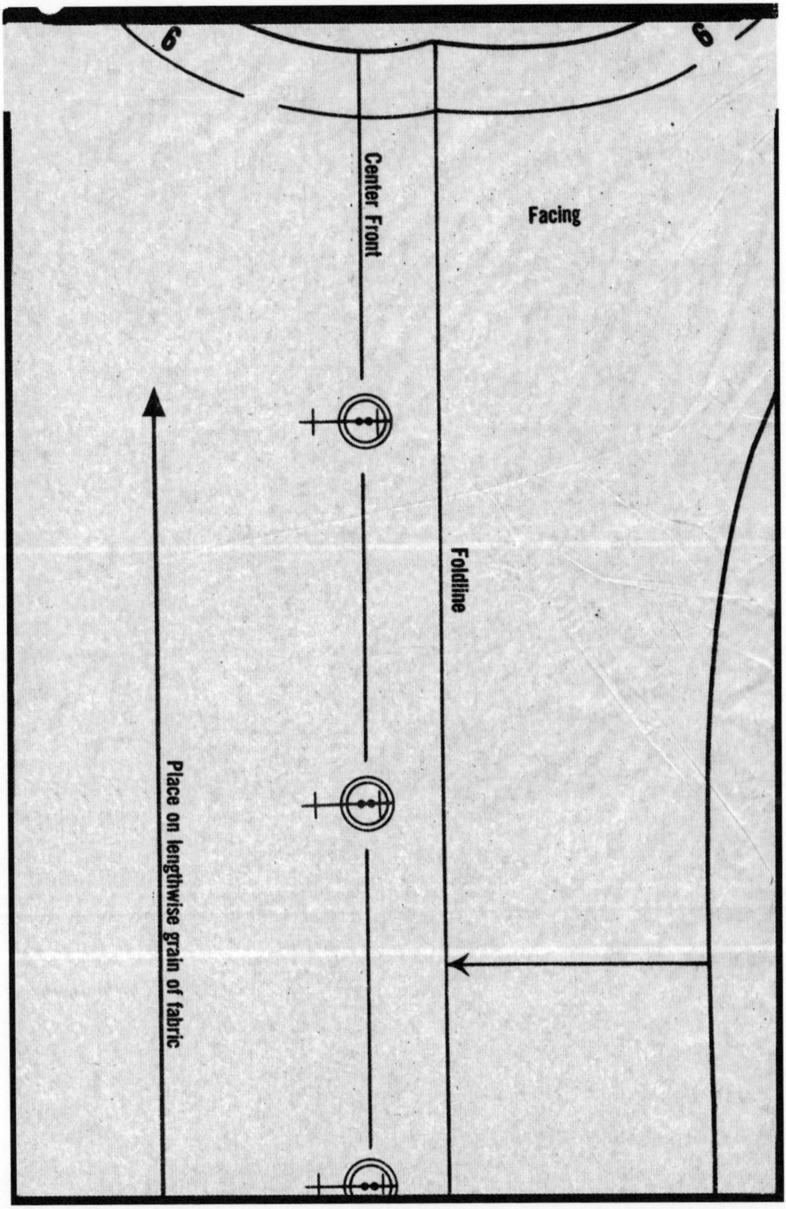
Center Front
Facing
Foldline
Place on lengthwise grain of fabric

KNOPFLOCHGRÖSSE ERMITTELN

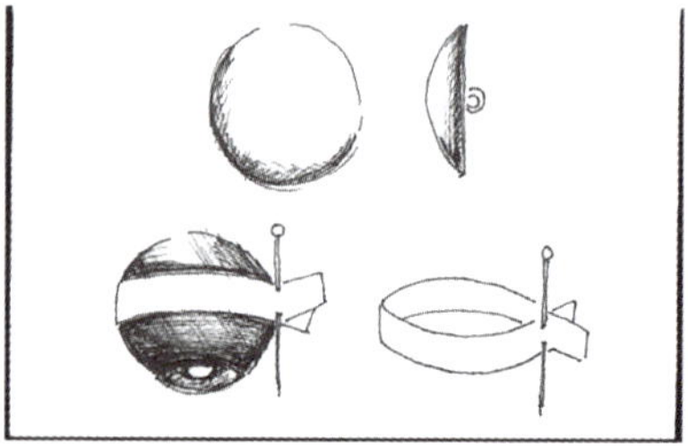

Ermitteln Sie die Knopflochgröße wie folgt: Durchmesser plus Knopfstärke plus 3 mm. Bei einem kugelförmigen Knopf legen Sie einen Papierstreifen rundum und messen Sie dessen Länge.

KNOPFLOCH MIT DER NÄHMASCHINE

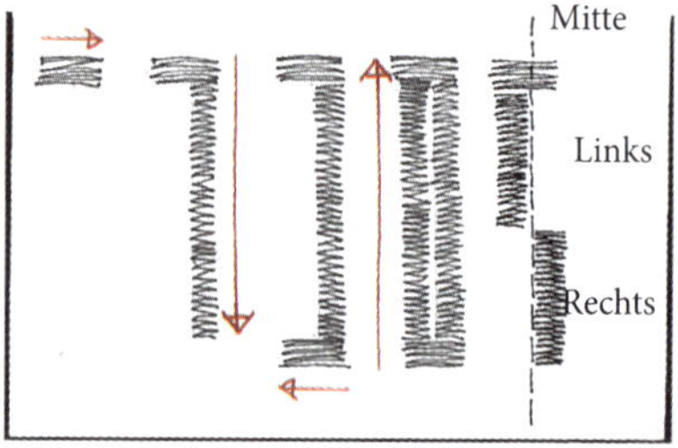

Die meisten Nähmaschinen können Knopflöcher arbeiten. Je nach Maschine geschieht dies vollautomatisch oder halbautomatisch.

KNOPFLOCH-EINSTELLUNG

Diese Vorrichtung stellt die Nadelposition rechts, links oder mittig. Somit näht die Maschine mittig für die Riegel, rechts für die eine Seite des Knopflochs und links für die andere Seite des Knopflochs.

KNOPFLÖCHER AUFSCHNEIDEN

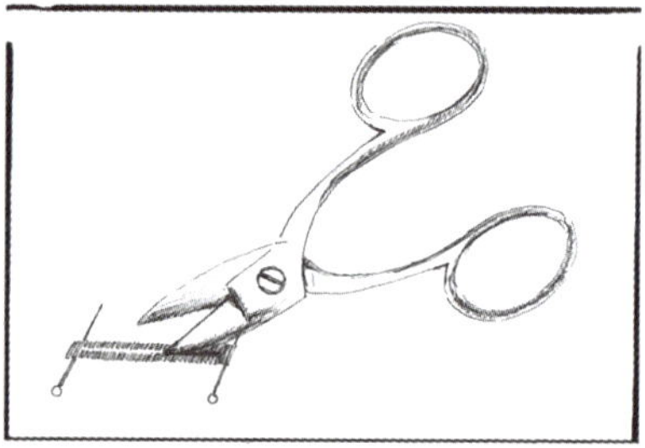

Maschinengenähte Knopflöcher werden erst aufgeschnitten, nachdem das Knopfloch fertiggenäht ist. Bringen Sie an jedem Ende quer eine Stecknadel an, damit Sie nicht versehentlich durch die Stiche schneiden. Mit der Schere vorsichtig die Mittellinie aufschneiden.

LAGE DES KNOPFS

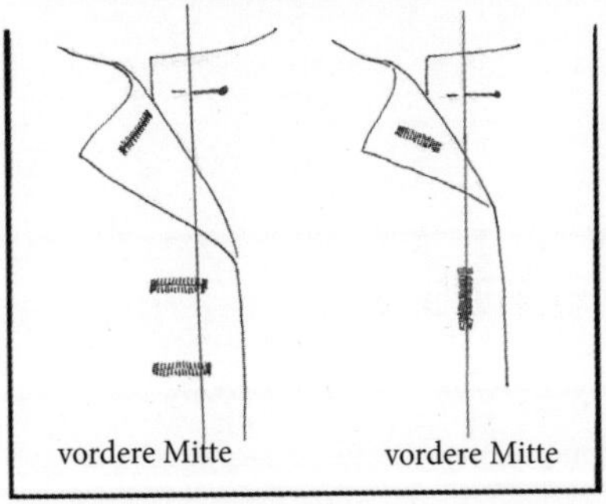

Legen Sie die Stoffkante für die Knopflöcher über die Kante für die Knöpfe. Beide Knopflinien passgenau von oben bis unten ausrichten. Schieben Sie eine Stecknadel durch das Knopfloch, 3 mm innerhalb des Knopflochendes. Dies ist die perfekte Position für den Knopf.

KNOPF FLACH ANNÄHEN

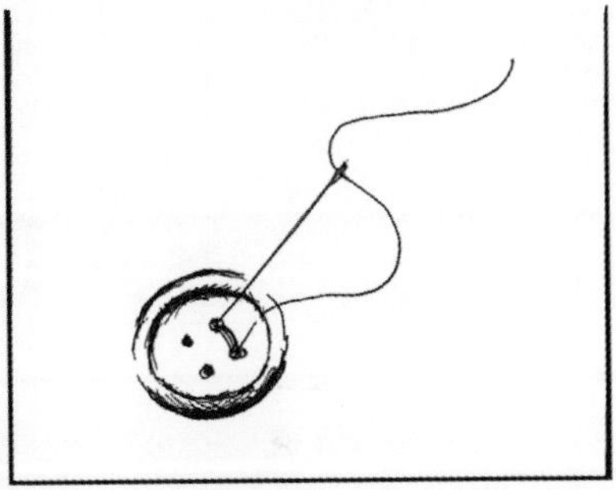

Sichern Sie das Fadenende mit einigen Stichen auf der markieren Knopfposition. Legen Sie den Knopf mittig darauf und nähen Sie ihn durch die Löcher fest. Vernähen Sie den Faden auf der Rückseite.

KNOPF MIT STIEL ANNÄHEN

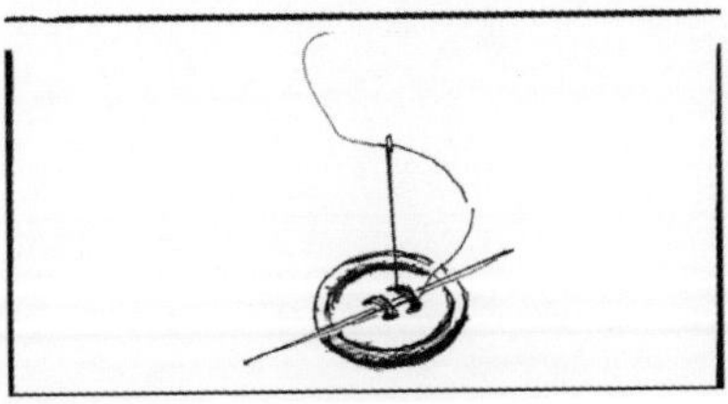

1 Damit der Knopf durch einen dickeren Stoff passt, braucht er einen Stiel. Sichern Sie das Fadenende mit einigen Stichen auf der markierten Knopfposition und schieben Sie die Nähnadel durch eines der Löcher. Legen Sie eine zusätzliche Nadel quer über den Knopf. Nähen Sie durch die Löcher und über die Nadel hinweg.

2 Arbeiten Sie ungefähr sechs Stiche. Entfernen Sie die quer gelegte Nadel und ziehen Sie den Knopf vom Stoff weg. So entsteht der Stiel. Wickeln Sie den Nähfaden ganz fest um den Stiel, sichern Sie die Fadenenden und stechen Sie noch einmal durch den Stiel.

SÄUME

Ein Saum ist nichts anderes als eine umgeschlagene Stoffkante, die ein Kleidungsstück abschließt und offene Schnittkanten oder Nähte verbirgt. Röcke, Ärmel, Hosenbeine und Jacken verlangen nach einem Saum. Die Stiche sind, wenn sauber gearbeitet, so gut wie unsichtbar. Denken Sie daran, dass der Saum eines Kleidungsstücks deutlich sichtbar ist – ein Rockbund kann perfekt genäht sein, aber er ist nicht so sehr der Kritik ausgesetzt wie der Rocksaum. Soll der Saum gut gelingen und professionell aussehen, dann pressen Sie die Saumkante lediglich sorgfältig und lassen Sie sich Zeit!

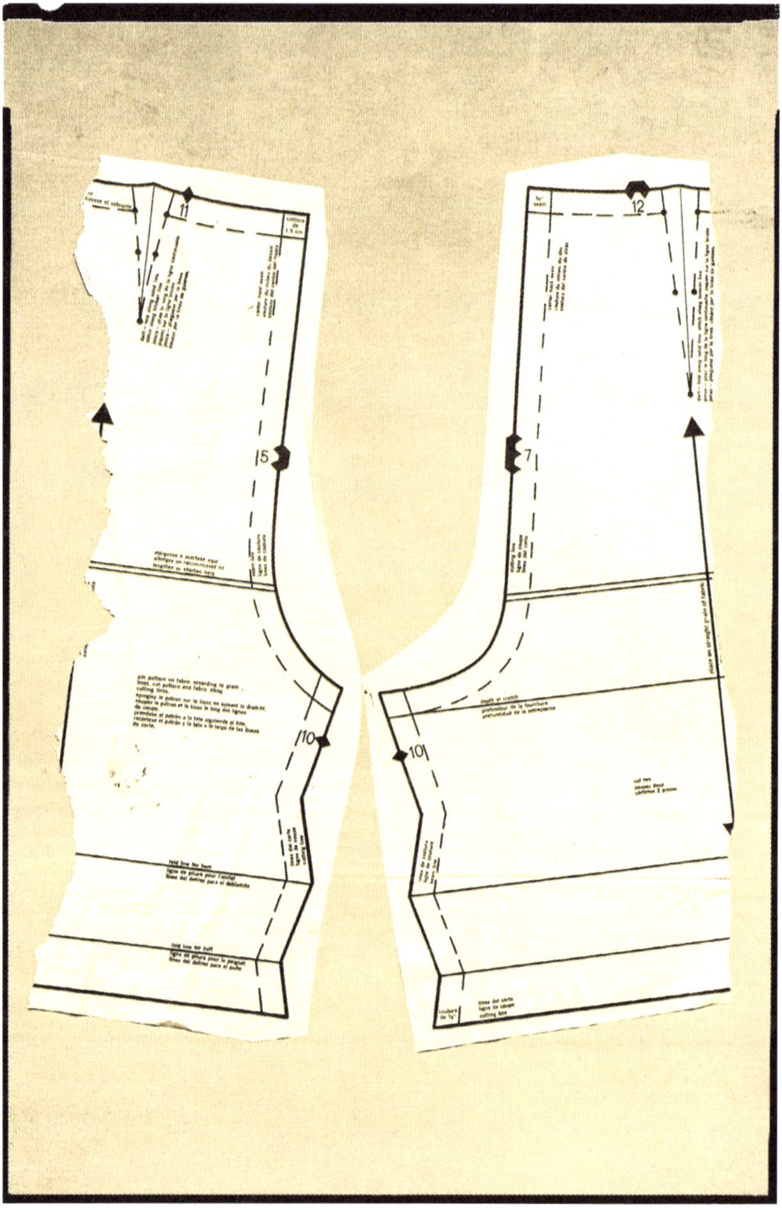

BEMERKUNGEN ZUM SAUM

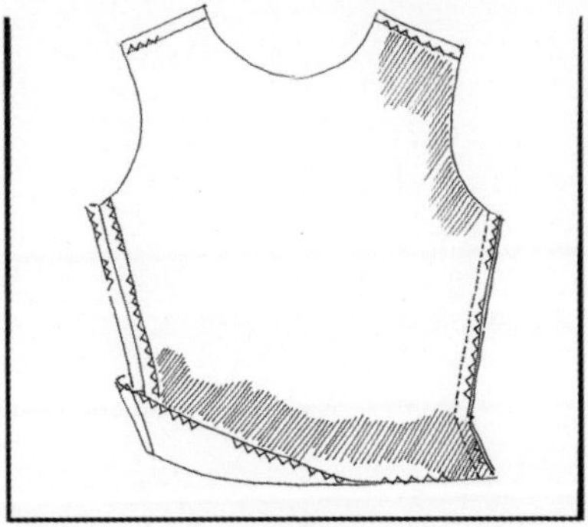

Manche Schnittmuster sind so angelegt, dass der Saum des fertigen Kleidungsstücks perfekt in der endgültigen Lage sitzt. Wenn Sie das Kleidungsstück jedoch verlängern oder kürzen müssen, achten Sie unbedingt auf die Markierungen. Geben Sie nicht aufs Geratewohl mehr Stoff für den Saum dazu.

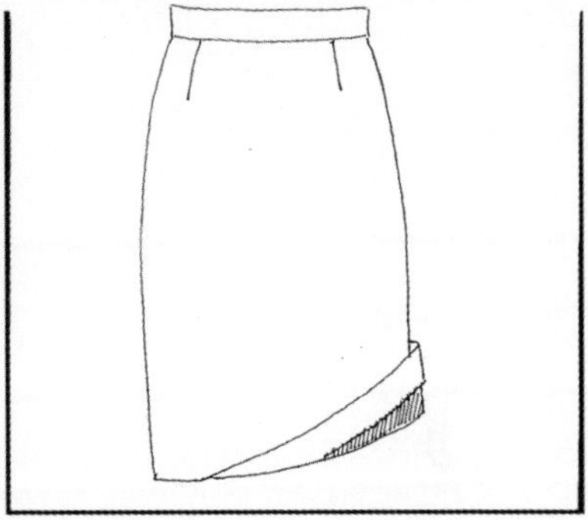

Bei einer gerade verlaufenden Kontur können Sie einen breiten Saum von 5–7 cm arbeiten.

Bei einer breiten oder ausgestellten Kontur benötigen Sie einen schmaleren Saum von etwa 3 cm und selbst dann müssen Sie vielleicht etwas Stoffweite einhalten.

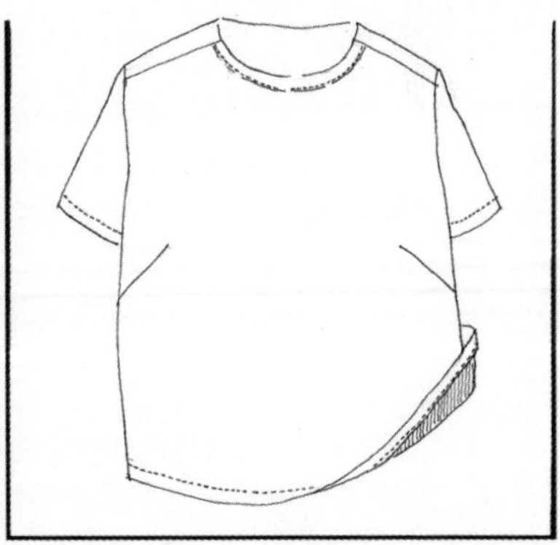

Ein von der rechten Seite her gesteppter Saum kann 1,5 bis 2 cm schmal sein und wirkt salopp und lässig.

DER PERFEKTE SAUM

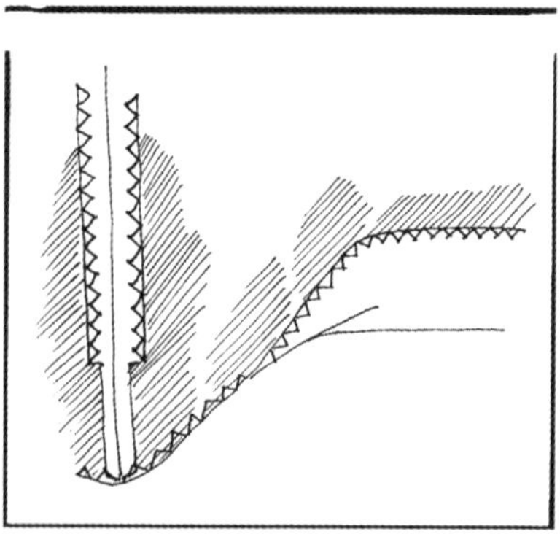

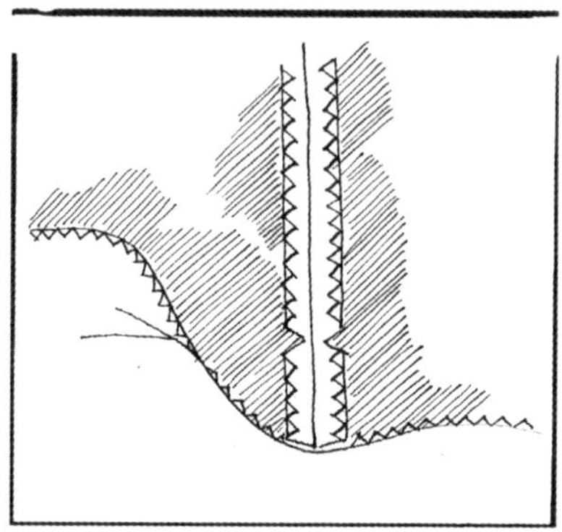

Bevor Sie mit dem Saum beginnen, schneiden Sie die Nahtzugaben zurück oder schneiden Sie eine kleine Kerbe links und rechts in die Nahtzugabe. Dies ist die Markierung, bis wohin der Saum gefaltet wird.

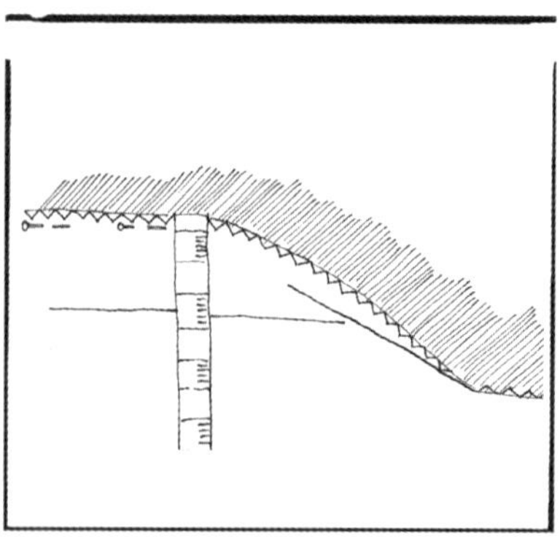

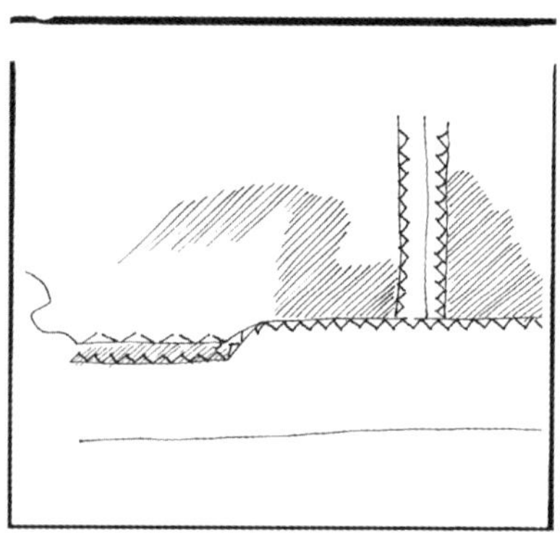

Falten Sie den Saum nach innen. Messen Sie mit einem Maßband nach, ob der Saum überall gleich breit ist. Stecken Sie den Saum mit Stecknadeln fest und pressen Sie die Unterkante.

Der feinste Stich ist der Saumstich, der wie der Blindstich von Hand gearbeitet wird. Der Stich wird *innerhalb* genäht – zwischen dem Kleidungsstück und der zurückgeschlagenen Saumkante. Klappen Sie die Stoffkante etwas nach unten und fassen Sie mit der Nadelspitze nur ein paar Gewebefäden. Stechen Sie nicht durch die komplette Stoffschicht. Sie werden mit einer unsichtbaren Naht belohnt, denn der Saum kann sich nicht durch das Kleidungsstück drücken.

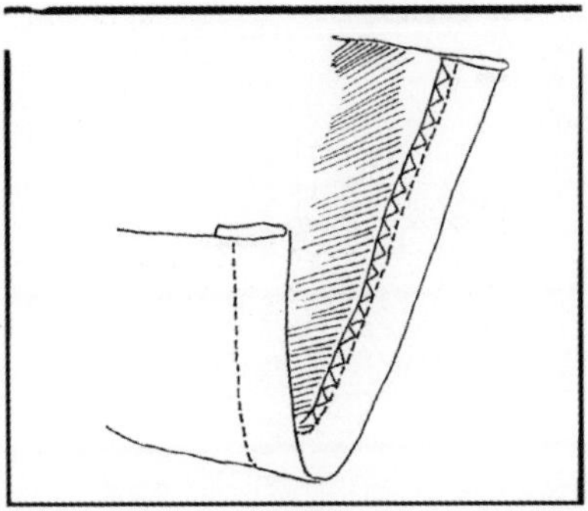

Ein einfacher, gesteppter Saum wird zuerst mit einem Zickzackstich versäubert. Falten und pressen Sie die Stoffkante nach innen und steppen Sie von der rechten Stoffseite her darüber. Pressen Sie den Saum immer nach dem Festnähen.

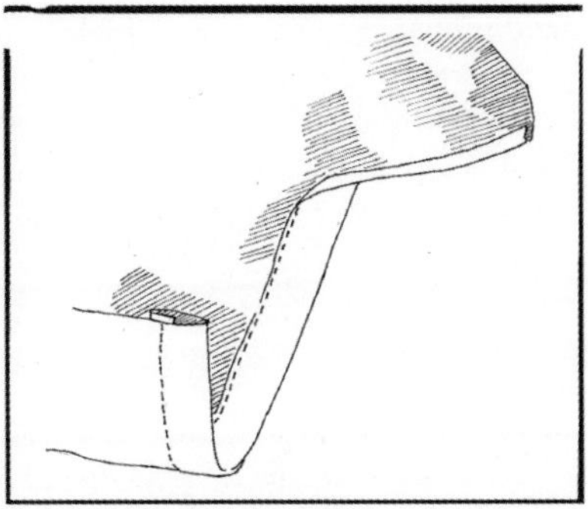

Soll der Saum etwas edler aussehen, falten Sie die Stoffkante zuerst 0,5 cm weit nach innen und pressen Sie diese. Dann nochmals umfalten, sodass keine offene Kante zu sehen ist. Diese Methode ist nicht für dicke Stoffe geeignet, da sich Beulen bilden.

Bevor Sie den Saum nach innen falten, arbeiten Sie eine Heftstichreihe an der Unterkante entlang. Falten Sie dann den Stoff nach oben und ziehen Sie leicht an den Stichen, sodass sich der Saum glatt anlegt. Pressen Sie die Kante. Schieben Sie dabei ein Stück festes Papier zwischen Saum und Kleidungsstück, damit nichts durchdrückt.

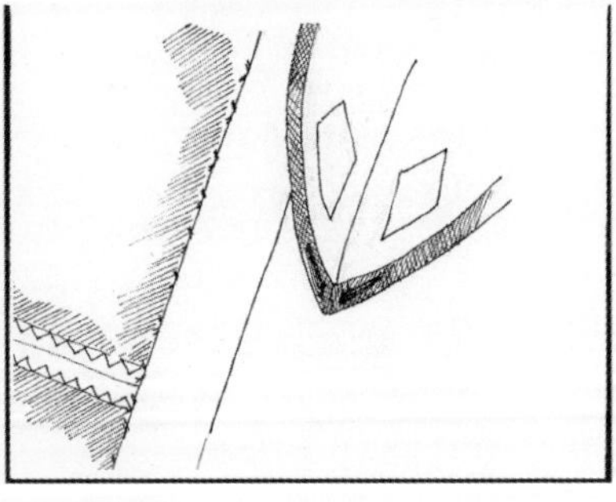

Alle Säume müssen gut gepresst werden. Pressen Sie nur entlang der Unterkante. Die innere Saumkante darf sich nicht auf die Vorderseite des Kleidungsstückes durchdrücken. Bei von oben her gesteppten Säumen pressen Sie direkt über die Naht, um die Stiche im Stoff zu versenken.

REGISTER

DANKSAGUNG

Ich danke Jaspar und Alice für ihren Mut. Dank auch an Chrissie, Michael, Emma und Karen, an Louise und Claire, an Amy und Katie bei «Pavilion», an Lisa Tai für ihre großartige Arbeit und allen unseren bezaubernden Kundinnen und Kunden, die unsere Bemühungen schätzen.

MERCHANT & MILLS

Merchant & Mills – das sind Carolyn Denham und Roderick Field. Sie gründeten ihr Unternehmen 2010, um die Nähkunst aus dem Schatten anderer Ausdrucksformen zu holen und ihr den gebührenden Platz in der Welt der Kreativität zu verschaffen. Dabei behandeln sie handwerkliche Fragen mit Respekt und Sorgfalt. Sie entwerfen und produzieren eine Palette von Modellschnitten und nützlichen Hilfsmitteln. Im Gegensatz zum üblichen Kurzwarensortiment, von dem man Hübsches und Geblümtes erwartet, bieten sie Schneidereibedarf von höchster Qualität und ungewohntem Design in schlichter, funktioneller Verpackung.

Seit ihrem Abschluss in Modedesign lebte und arbeitete Carolyn in Italien und New York und war einige Jahre als Innenarchitektin tätig. Sie entwirft und realisiert die einzelnen Schnitte und behält den Überblick. Roderick ist ein erfolgreicher Fotograf und Autor, dessen Arbeiten u.a. in der National Gallery zu sehen sind. Er ist verantwortlich für das unverwechselbare Erscheinungsbild von Merchant & Mills.

Produkte von Merchant & Mills finden Sie bei Qualitätshändlern weltweit – in New York und Tokio, bei Liberty in London und im Victoria and Albert Museum.

Merchant & Mills, 14 Tower St, Rye TN31 7AT
www.merchantandmills.com

Sämtliche Anleitungen und Texte dieses Buches sind urheberrechtlich geschützt und dürfen nur nach vorheriger schriftlicher Genehmigung reproduziert oder zu kommerziellen Zwecken verwendet werden.
Jede gewerbliche Nutzung der Arbeiten und Entwürfe ist nur mit Genehmigung von Verfassern und Verlag gestattet. Bei Verwendung im Unterricht und in Kursen ist auf dieses Buch hinzuweisen.

Merchant & Mills bietet ein breites Sortiment an Stoffen und Schneidereibedarf und versendet weltweit.

Aus dem Englischen von Bernadette Mayr

1. Auflage 2018

Verlag Freies Geistesleben
Landhausstraße 82, 70190 Stuttgart
www.geistesleben.com

ISBN 978-3-7725-2850-7

Die Originalausgabe erschien 2014 unter dem Titel *Elementary Sewing Skills* im Verlag Pavilion,
43 Great Ormond Street,
London WC1N 3HZ
www.pavilionbooks.com

Design © Pavilion Books Company Ltd 2014
Text und Fotos © Merchant & Mills

Für die deutsche Ausgabe:
© 2018 Verlag Freies Geistesleben
& Urachhaus GmbH, Stuttgart

Fachlektorat: Friderike Plath
Fotografien: Roderick Field
Reproduktionen: Mission, Hong Kong
Druck und Bindung: Toppan Leefung Printing International Ltd, China

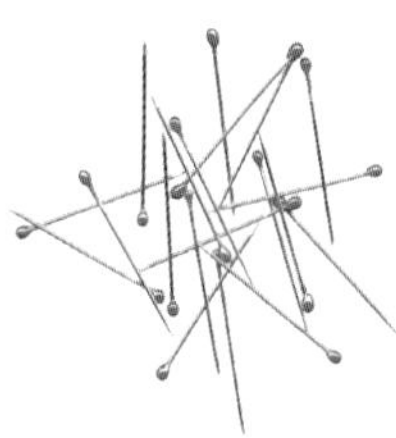